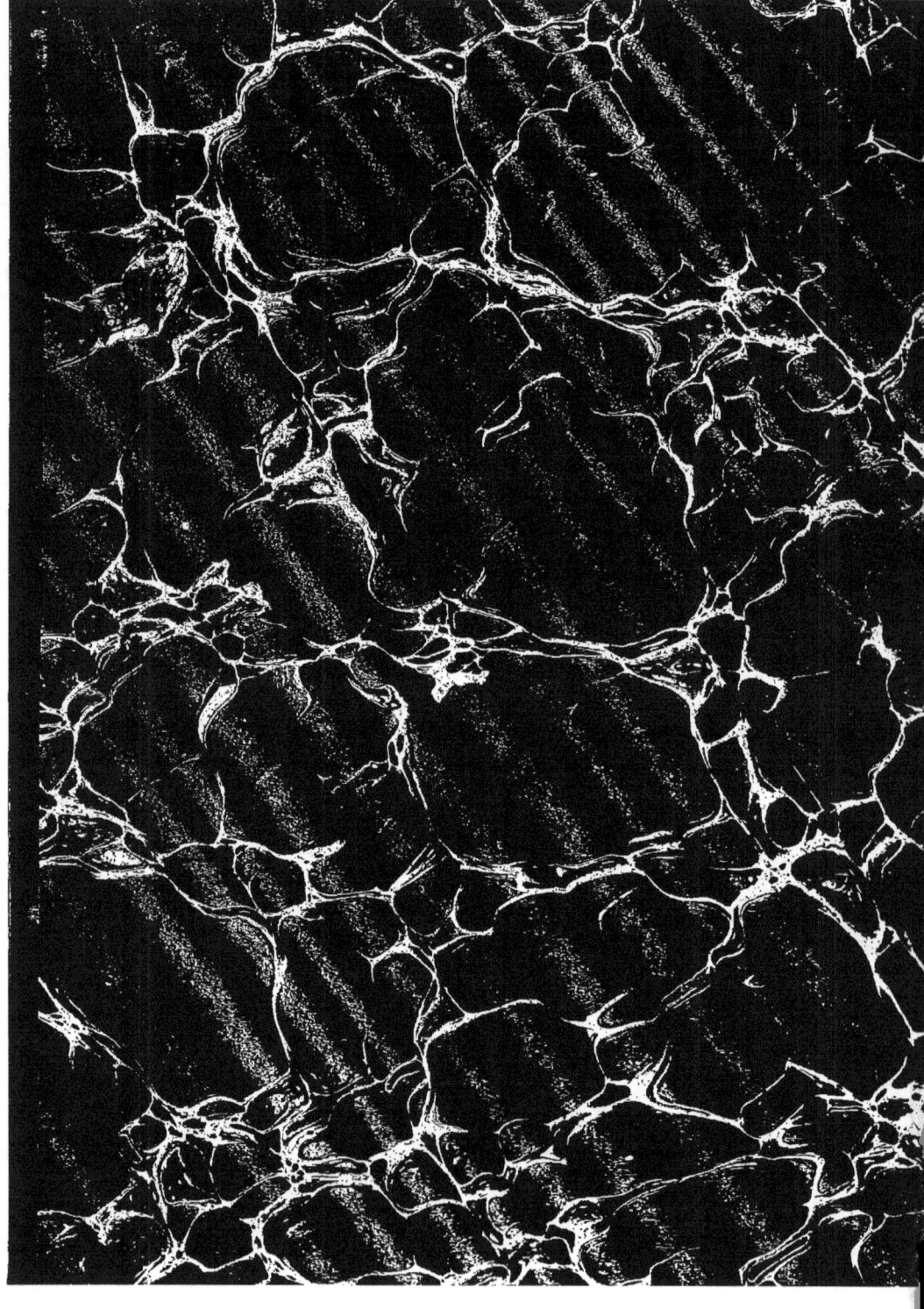

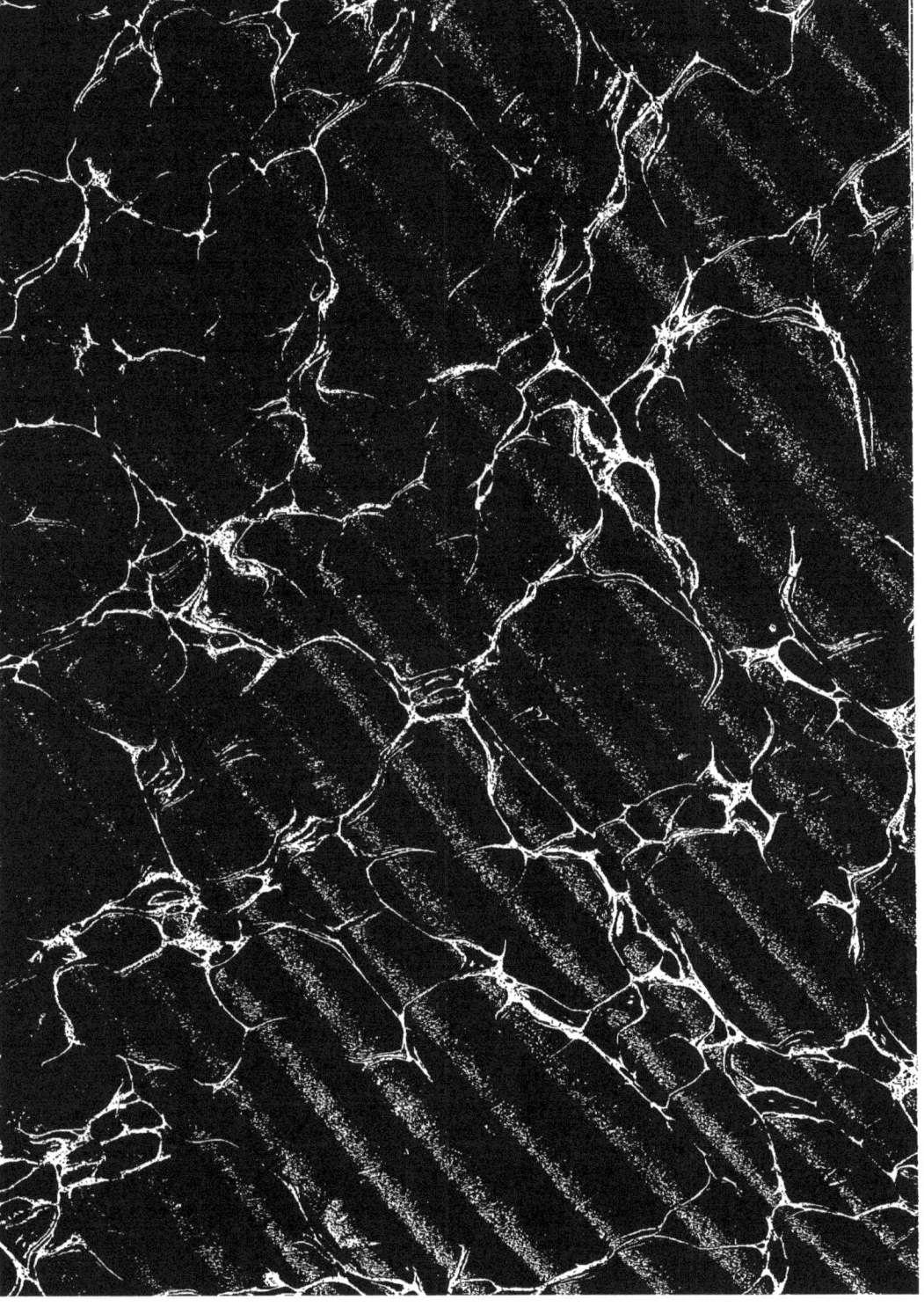

Ln 7
34604

SAINT FULRADE

ABBÉ DE SAINT-DENYS

SAINT FULRADE

ABBÉ DE SAINT-DENYS

PAR

M. L'ABBÉ RAPP

Chanoine de Saint-Denys

Ancien Vicaire-Général du Diocèse de Strasbourg

STRASBOURG

TYPOGRAPHIE E. BAUER, GRAND'RUE, 101

1883

AVANT-PROPOS

Le livre, que nous faisons paraître aujourd'hui, est le fruit d'une étude spéciale que nous avons faite de l'histoire de la célèbre abbaye royale de Saint-Denys. Ce qui nous a particulièrement frappé dans cette étude, c'est le rôle considérable que l'abbé Fulrade, d'origine alsacienne, a joué sous le règne de Pépin-le-Bref et de Charlemagne, dans la lutte que ces princes avaient entreprise pour défendre la papauté contre ses oppresseurs, les rois lombards : lutte qui forme une des pages les plus glorieuses de l'histoire de France.

Nous nous contentions d'abord de prendre quelques notes, sans que nous eussions l'intention d'écrire un livre. Cependant, en les relisant depuis, il nous a semblé qu'en présence des récentes usurpations dont le Saint-Siège est victime, il y aurait quelque utilité à rappeler la noble conduite de deux de nos rois les plus illustres; car elle devrait servir d'exemple aux gouvernements modernes. Pépin et Charlemagne avaient très bien compris l'action bienfaisante de la papauté dans le monde, et ils se sont constitués les protecteurs des papes. Or, cette influence, l'ignorance et la mauvaise foi ont osé la contester de nos jours; c'est ce qui a motivé la remarquable lettre de S. S. Léon XIII sur l'importance des études historiques, afin de remettre en lumière le rôle civilisateur de la papauté à travers les siècles et de réfuter victorieusement tout ce que l'esprit de secte et l'impiété ont accumulé de calomnies et de fables absurdes contre une institution, qui est toujours debout depuis dix-neuf siècles, quoique en butte aux attaques les plus violentes de l'enfer : ce qui est la preuve la plus manifeste qu'elle est l'œuvre de Dieu.

Nous croyons donc nous conformer à l'esprit de la lettre du Saint-Père, déjà citée, en faisant suivre la Vie de saint Fulrade d'un ÉPILOGUE, *où nous démontrons les bienfaits de la papauté. Dans cette démonstration, nous nous appuyons sur les témoignages les moins suspects des historiographes les plus célèbres, même parmi les protestants.*

Un fait également digne d'être remarqué et particulièrement honorable pour les rois de France, depuis Dagobert Ier jusqu'à saint Louis, c'est leur dévotion pour saint Denys, dont ils ne manquaient jamais d'implorer la protection dans toutes les entreprises importantes ; nous en parlons dans l'Appendice n° I.

Enfin notre étude nous a fait connaître plusieurs abbés de Saint-Denys élevés aux premières dignités de l'Etat ; nous avons cru intéresser nos lecteurs en racontant succinctement la vie des plus célèbres parmi eux. (V. Appendices n°s II et III.)

En écrivant ce livre, nous ne nous sommes nullement préoccupé de la pensée de suivre un plan ; nous avons voulu raconter simplement ce qui dans notre étude sur l'abbaye de Saint-Denys nous a particulièrement intéressé, en insistant avant tout sur la vie de saint Fulrade, le défenseur zélé et intelligent de la papauté et, comme tel, une des gloires de notre chère Alsace.

I. RAPP.

INTRODUCTION.

Une question d'une haute portée qui, depuis la fondation du Christianisme, renaît par intervalles, et préoccupe toujours vivement les esprits, par la raison qu'elle intéresse souverainement la société civile comme la société religieuse, c'est la question romaine. De la solution de cette question dépend la paix du monde, le bonheur ou le malheur des nations. L'histoire a suffisamment démontré combien il est nécessaire que les Pontifes de Rome jouissent d'une entière liberté pour accomplir la mission divine que le Christ leur a confiée, d'enseigner toutes les nations de la terre, et de les civiliser par l'Evangile. Aussi toutes les fois que les gouvernements ont mis des entraves à l'exercice de cette autorité, la première et la plus respectable du monde parce qu'elle est d'institution divine, l'ordre social a été profondément troublé ; et si nous recherchons aujourd'hui les causes du malaise général qui tourmente les esprits, nous les trouvons dans la position anormale que la révolution a faite au Pape en le dépouillant de sa souveraineté temporelle. Cela est si vrai que les hommes d'État, qui avaient déclaré solennellement dans le *Reichstag,* il y a dix ans, que jamais ils ne reconnaîtraient une seconde autorité à côté de celle de l'État,[1] sont forcés aujourd'hui de s'entendre avec le Saint-Siège pour rétablir la paix, et arrêter le flot révolutionnaire qui menace de tout entraîner.

Le gouvernement de Berlin, effrayé des progrès du socialisme, qui se dresse devant lui comme un spectre menaçant, et s'apercevant que les crimes, d'après les dernières statistiques, se sont multipliés du double depuis dix ans que dure le *Kulturkampf,*[2]

---

[1] C'est la théorie du Dieu-État, inventée par le philosophe allemand Hégel.

[2] Le gouvernement de Berlin adressa, le 9 décembre 1882, un rapport au *Reichstag* sur les résultats obtenus par la

a cru prudent de se rapprocher de cette Rome pour laquelle il professait naguère une si profonde antipathie. Il a de nouveau son représentant auprès du Saint-Siège ; des

loi de 1878 contre le socialisme. Le document constate que ces résultats sont à peu près nuls, et qu'il existe toujours une dangereuse agitation, entretenue par l'association révolutionnaire internationale des ouvriers. Le rapport conclut en demandant la prolongation de la loi exceptionnelle. Mais en dépit de toutes ces rigueurs, et même à cause d'elles, le mouvement ne fait que s'accroître, et la secte gagne tous les jours du terrain.

A cette plaie sociale s'en est jointe une autre en Allemagne : c'est une espèce de brigandage que des vagabonds, dont on estime le nombre à deux cent mille, exercent dans les campagnes. Ces individus, aux allures de gens plus ou moins civilisés, entrent à plusieurs dans les maisons, demandent de l'argent, des vivres avec la dernière audace, et les pauvres campagnards leur donnent ce qu'ils demandent, de peur d'être maltraités. Quand l'hiver vient, ils commettent quelque délit pour se faire enfermer dans une prison de l'État, où ils trouvent un confortable que n'ont pas les ouvriers qui gagnent péniblement leur pain.

Nous ne parlons pas des émigrations qui prennent des proportions inouïes jusqu'ici, et qui ont chez un grand nombre de familles catholiques pour motif, la persécution religieuse, les difficultés, sinon l'impossibilité où elles sont de remplir leurs devoirs religieux, depuis qu'elles n'ont plus de pasteurs ; car, dans toute la Prusse, il y a un tiers des paroisses catholiques qui sont comme abandonnées pour le spirituel ; même les malades, en danger de mort, y restent privés des consolations de la religion.

Faut-il donc s'étonner, si l'indifférence religieuse et la démoralisation, qui en est la suite, gagnent de jour en jour davantage ces populations privées depuis des années des guides spirituels, qui autrefois leurs rappelaient leurs devoirs ? Tels sont les fruits du *Kulturkampf*.

négociations ont été entamées. Il est vrai qu'elles n'ont pas pu aboutir jusqu'ici, parce qu'on demande au Pape des concessions incompatibles avec la liberté de l'Église; mais il n'est pas moins vrai, et c'est tout ce que nous voulons constater pour le moment, que les partisans les plus ardents du *Kulturkampf* comprennent aujourd'hui la nécessité, pour mettre fin à cette déplorable lutte, de traiter avec le vieillard du Vatican, si faible qu'il soit, et ne jouissant plus de sa pleine liberté.[1] La Russie, de son côté, a

---

[1] Le Pape est-il libre à Rome? Pour répondre à cette question, nous laissons la parole à M. le cardinal de Bonnechose. Sa Lettre pastorale sur la question romaine a dépeint la situation dans toute sa triste vérité: „Comment se fait-il que maintenant dans cette Rome qui était devenue comme la métropole et le centre de la vérité, la vérité elle-même paraisse méconnue? Nous y voyons le Souverain-Pontife dépouillé de son pouvoir temporel, confiné dans les murs du Vatican et par conséquent captif. Vivant, il ne peut sortir de son palais, présider aux cérémonies augustes de la religion, visiter ses églises et son peuple, sans s'exposer aux outrages des sectaires qui se sont mêlés à la population romaine. Mort, on insulte ses cendres et on menace de les jeter dans le Tibre. L'attentat du 13 juillet, qui a fait frémir le monde civilisé, demeure le plus significatif et le plus sinistre des enseignements. Nulle sécurité pour le Pape en dehors de l'enceinte où il se tient enfermé. Comme pasteur suprême de l'Église de Jésus-Christ, nous le voyons privé des moyens d'exercer son action sur le monde. Nous voyons s'élever sous ses yeux, et malgré lui des temples et des

rétabli ses rapports diplomatiques avec le
Saint-Siège et consenti au rétablissement de
la hiérarchie catholique. Elle a compris que
pour mettre un terme aux excès de la

écoles, où sont enseignés l'erreur et le mensonge. Dans les
rues, sur les places publiques, sont exposés des dessins et
des images, où les dogmes et les pratiques du culte catholique sont tournés en ridicule, et les ministres de la religion indignement travestis par d'ignobles caricatures,
livrées aux regards du public et de l'enfance. Une presse
hostile déverse chaque jour l'injure et l'outrage sur l'Eglise
et même sur son chef vénéré. Enfin, dans cette atmosphère
corrompue se forme une jeune génération, qui, étrangère
à la foi, le sera aussi à la moralité, et menace l'avenir de
Rome d'une déplorable dégradation sociale. Comment con-
sidérer ce triste tableau, sans se sentir le cœur serré
d'angoisse ? Comment ne pas gémir en présence d'une
situation si contraire au plan de la divine Providence qui,
aussitôt qu'elle eut rendu la liberté à l'Église, transféra le
trône impérial sur les rives du Bosphore ? Dès ce jour, n'a-t-
elle pas manifesté au monde que le chef de l'Église ne
pouvait pas cohabiter avec le chef de l'État ? Le même
Dieu qui fit sortir les Césars de Rome inspira aux peuples
et aux princes la pensée de réserver aux Souverains-Pontifes un territoire neutre et indépendant de toute autre
puissance, qui servît de garantie à la liberté et à l'impar-
tialité de son action dans le monde chrétien. Cette domination tutélaire, qui obtint sa sanction sous Pépin et
Charlemagne, fut reconnue et respectée pendant mille ans.
Elle ne l'est plus maintenant. On a porté une main téméraire sur le patrimoine de Saint-Pierre et sur la ville des
Papes : de là le malaise qui travaille la société, et une
souffrance qui se communique au monde entier ; de là
l'inquiétude dans les esprits et les menaces de l'avenir."

La loi des garanties devait avoir pour but de protéger
le Saint-Père contre les outrages ; or, voici que M. Bonghi,
l'ancien ministre, qui a été le rapporteur de cette même
loi, dans la Chambre des députés, a pu écrire dans une

terrible secte des nihilistes, les moyens matériels étaient insuffisants. Nous concluons que l'influence morale, exercée par la Papauté dans

Revue italienne: „On s'est permis, à plusieurs reprises, des injures contre le Pontife, et je ne me souviens pas une seule fois que ces injures aient été punies." D'ailleurs, le *Diritto*, journal officieux du gouvernement, n'a-t-il pas déclaré ouvertement que la loi des garanties n'est plus qu'une affaire de temps? D'après cette même loi, le Vatican doit rester soustrait à la juridiction des tribunaux italiens; or, la Cour d'appel de Rome n'a-t-elle pas confirmé le jugement du tribunal de première instance, se déclarant compétent pour juger des faits qui se sont passés à l'intérieur du Vatican? Le Pape n'est donc plus souverain dans son propre palais. C'est ce que dit Léon XIII dans une allocution aux cardinaux: „On conteste nos droits de souveraineté jusque dans l'asile où nous vivons depuis cinq ans, sans autre appui que la grâce divine et la charité des fidèles. C'est une preuve de plus, que la Révolution, en renversant le pouvoir temporel du Pape, avait surtout pour but d'atteindre son pouvoir spirituel. Elle révèle ainsi le dépit que lui causent l'influence persistante de la Papauté et le spectacle des gouvernements, rétablissant leurs rapports diplomatiques avec le Saint-Siège."

Oui, le Saint-Siège a cessé d'être libre, même dans l'exercice de sa mission spirituelle. Peut-il y avoir un acte plus spirituel que la nomination des évêques? Or, cette nomination est continuellement entravée par le refus de l'*exequatur*, refus qui met les évêques dans l'impossibilité de prendre possession de leurs sièges. Aussi Léon XIII n'a-t-il pas manqué, dans le Consistoire du 24 septembre 1882, de protester contre cette conduite tyrannique du gouvernement. „Ce que nous ne voulons pas omettre, a dit le Saint-Père, c'est de dénoncer ces faits, qui constituent un grave attentat à la liberté de notre pouvoir apostolique, et nous rendent de jour en jour plus difficile le gouvernement de l'Église."

le monde, est telle que même les gouvernements non-catholiques sont contraints de la reconnaître et d'y avoir recours.

Nous sommes sans crainte pour la Sainte Église; elle sortira triomphante de la lutte actuelle comme elle est sortie de tant d'autres; ce que nous voyons aujourd'hui n'est pas nouveau. Depuis dix-neuf siècles, la barque de Saint-Pierre ne cesse d'être secouée par les tempêtes; mais le Christ a son heure, où il se lève pour commander aux vents et à la mer. Dieu permet la persécution afin que nous ayons, dans les triomphes de l'Eglise, une démonstration permanente de sa divinité. Il la permet dans des vues de miséricorde. Nous nous souviendrons toute notre vie d'une parole que Pie IX nous disait, quand nous avons eu le bonheur, en 1873, d'être reçu en audience privée : „Les persécutions, disait-il, ont aussi leur bien : Dieu les permet pour purifier l'Eglise, pour stimuler le zèle des bons, et faire sortir les tièdes de leur indifférence." Puis se servant d'une de ces comparaisons familières, dont Pie IX avait le secret, il ajoute : „Quand les chevaux d'une voiture deviennent paresseux, le cocher leur applique le fouet (ici le Saint-Père imita de sa main le mouvement du cocher) et les chevaux s'élancent avec une nouvelle ardeur. Dieu fait de même : quand les chrétiens se relâchent, il se sert des méchants comme instrument pour exciter leur zèle."

C'est toujours contre la Papauté que les ennemis dirigent leurs premières attaques: ils savent que si ce fondement pouvait être ébranlé, tout l'édifice tomberait en ruines. L'histoire devrait pourtant leur apprendre que si les Papes peuvent être spoliés, exilés, outragés, calomniés, jetés en prison et mis à mort, la papauté ne meurt pas, preuve qu'elle est l'œuvre de Dieu. En présence de la situation anormale, où nous voyons aujourd'hui le Saint-Siège, nous croyons qu'il y a quelque intérêt à examiner comment le pouvoir temporel s'est successivement établi, et quel a été l'homme providentiel au huitième siècle qui a mis tout son génie et son activité à étendre et à consolider ce pouvoir en lui donnant une organisation régulière. Cet homme est saint Fulrade, abbé de Saint-Denys, archichapelain du palais, grand aumônier de France et conseiller intime de Pépin-le-Bref et de Charlemagne. Le cadre restreint de cette monographie ne nous permet pas de nous étendre sur le règne de ces deux princes, si fécond en grands événements. Nous nous bornerons à raconter les faits, auxquels saint Fulrade a eu une part principale. Nous ferons connaître les hauts personnages qui l'ont honoré de leur estime et de leur amitié. Nous rappellerons, l'histoire à la main, les services que les Papes ont rendus à l'humanité, surtout dans les temps où leur mission pouvait s'exercer librement.

Le sujet que nous traitons a un intérêt considérable d'actualité, eu égard à la position intolérable où se trouve le Pontife suprême, depuis qu'il a cessé d'être souverain temporel. C'est pourquoi nous reviendrons souvent sur la nécessité de cette souveraineté, comme garantie de la liberté spirituelle du chef de l'Église. Nous ferons connaître l'origine et la légitimité des possessions qui composent le patrimoine de saint Pierre.

Enfin pourquoi ne le dirions-nous pas? En notre qualité d'Alsacien, et de membre de l'insigne chapitre de Saint-Denys, qui a succédé dans la splendide basilique, à la célèbre abbaye de ce nom, nous sentions depuis longtemps un vif désir de mettre en lumière la vie trop peu connue d'un des plus illustres abbés de Saint-Denys, notre compatriote, fondateur de plusieurs maisons religieuses en Alsace, et qui a joué, sous les règnes glorieux de Pépin-le-Bref et de Charlemagne, un rôle efficace dans la revendication des droits et libertés du Saint-Siège; enfin d'un saint qui a reçu, pendant plusieurs siècles, un culte public en Alsace.

Les principales sources où nous avons puisé sont : *L'Histoire de l'abbaye de Saint-Denys* par DOM FÉLIBIEN; *l'Histoire universelle de l'Église catholique* par ROHRBACHER; les nombreuses chartes de l'abbaye; *l'Alsace illustrée* par SCHŒPFLIN (traduction Ravenez); les Bollandistes; *l'Histoire de l'abbaye* par MABILLON, par DOM DOUBLET, par Mme D'AYZAC, etc., etc.

SAINT FULRADE

ABBÉ DE SAINT-DENYS

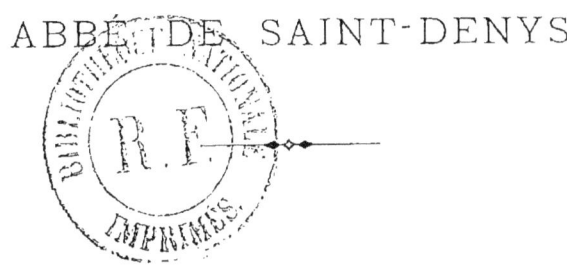

CHAPITRE Ier.

Saint Fulrade, sa noble origine. — Grand mouvement religieux au VIIIe siècle dans les rangs de la haute société.

C'est à l'Alsace qu'appartient la gloire d'avoir donné le jour à saint Fulrade. Selon quelques auteurs, parmi lesquels Dom Calmet, il serait né à Saint-Hippolyte, ce qui expliquerait l'affection particulière qu'il a toujours portée à cette ville, qui s'appelait autrefois Andaldovillare. Elle est située à vingt kilomètres de Colmar, dans une contrée fort pittoresque, au pied de la montagne et du château de Haut-Kœnigsbourg : la résidence probable des parents de Fulrade. Le nom d'Andaldovillare fut dans la suite changé en celui de Saint-Hippolyte, le nom du glorieux martyr, dont le corps lui avait été donné par saint Fulrade, comme nous le dirons plus loin. Le seigneur Riculfe,[1] son père, et Ermengarde, sa mère, appartenaient à la haute noblesse du pays. Il nous apprend lui-même qu'il avait un frère du nom de Gausbert et une sœur appelée Valdrade.

Dès son enfance Fulrade se distingua par sa piété et par d'heureuses dispositions qui se déve-

[1] LA SEIGNEURIE DE RICULFE. — „On voit, par les documents qui sont parvenus jusqu'à nous, que, outre les descendants d'Etichon, il existait en Alsace d'autres personnages qui, sous le règne de Pépin et de Charlemagne, furent appelés à de hautes destinées; l'un était entré dans les ordres, l'autre faisait partie de l'armée. Nous voulons parler de Fulrade, abbé de Saint-Denys, et d'Héric, duc de Frioul, tous deux Alsaciens d'origine. Fulrade avait pour père l'Alsacien Riculfe; son frère se nommait Gausbertus. Cette famille était d'origine noble et possédait dans nos provinces une grande quantité de terres et de vastes propriétés seigneuriales ; car les deux frères purent, avec l'héritage qu'ils reçurent de leur père, fonder et doter richement le monastère de Lièpvre et celui de Fulrado-Villare. Le premier de ces établissements reçut les reliques de saint Alexandre que Fulrade apporta de Rome, ce qui lui fit donner le nom de prieuré de Saint-Alexandre. Le second fut enrichi de celles de saint Hippolyte, qui donna son nom au couvent et ensuite à la ville qui s'éleva à l'entour. Fulrade nous a appris lui même l'origine de ces deux monastères, par le testament qu'il rédigea en 777 à Héristal, alors qu'il était abbé de Saint-Denys. Ce testament a été publié pour la première fois par MABILLON, qui le retrouva dans les archives de cette abbaye... Les propriétés seigneuriales de Riculfe et de Fulrade embrassaient le territoire qui se trouve en face de Schlestadt, à l'entrée de la Vosge et dans la vallée de Lièpre, voisine de cette ville. Fulrad mourut en 784, et dom DOUBLET reconnait que son corps fut transporté dans le monastère de Saint-Alexandre qu'il avait fondé " (SCHOEPFLIN, trad. Ravenez. Tom. III, p. 345-6.)

loppèrent avec l'âge. Il est probable que ses pieux parents le confièrent, pour son éducation, à l'abbaye de Münster, où à celle d'Ebersheim, située à peu de distance de Saint-Hippolyte. Outre son riche patrimoine, il avait reçu d'un seigneur Widon, et d'un comte Chrodhard, des domaines considérables, qui sont mentionnés dans son testament. Ces richesses, et les qualités dont la nature l'avait doué, lui assuraient une position des plus honorables dans le monde ; mais éclairé des lumières de la foi, il entrevit de bonne heure le néant des choses de la terre, et ne songea plus qu'à se consacrer entièrement au service de Dieu. Il avait eu l'occasion de connaître et d'apprécier la règle de Saint-Benoît ; il avait été témoin de la vie sainte des religieux de cet ordre, et c'est ce qui décida sa vocation.

Au siècle de saint Fulrade, il y eut un grand mouvement religieux dans les rangs de la haute société. Les seigneurs, instruits par les malheurs du temps, tournèrent leurs pensées vers Dieu. Ils avaient compris que pour mettre un terme aux guerres, réformer les mœurs, et civiliser les hommes, il n'y avait que la religion de Jésus-Christ capable d'opérer ces heureux changements.

On voyait alors les familles les plus riches donner l'exemple du renoncement au monde, employer leurs biens à construire des églises, des asiles de prières, des monastères. En tête de ce mouvement se trouvaient le duc d'Alsace, Etichon,[1] et ses

[1] Etichon était duc d'Alsace sous les règnes de Childéric II, de Dagobert II et de Théoderic III. Cela est

enfants. Le château de Hohenbourg fut converti en un couvent, qui eut pour première abbesse sainte Odile, la fille aînée du noble duc, aujourd'hui la patronne aimée et vénérée des Alsaciens. Les jeunes personnes des premières familles vinrent chercher dans cette maison un abri contre les dangers du monde. La tradition dit que leur nombre s'accrut à cent trente ; que la règle principale qu'elles observaient consistait à imiter, à suivre leur sainte supérieure dans les voies de la perfection. Vers l'an 717, Adalbert, frère de sainte Odile, fonda le couvent de Saint-Etienne à Strasbourg, et en confia la direction à sainte Attale, sa fille.

Les Religieuses unissaient à une vie de prières et de mortification les œuvres de charité, le soin des malades, et l'assistance des pauvres. Ce fut aussi un parent de sainte Odile, un petit-fils du duc Etichon, qui devint fondateur d'un couvent de chanoinesses à Eschau, à quinze kilomètres de Strasbourg. C'était René, le 28e évêque de Stras-

attesté par deux diplômes, l'un donné à l'abbaye de Munster (673) et l'autre à celle d'Ebersheim (680). Si, à cette époque, l'Alsace commença à sortir des ténèbres, où elle avait été plongée au cinquième siècle, et si ce progrès se maintint et se développa de plus en plus, il est juste de l'attribuer à Etichon et à ses successeurs, qui construisirent des églises où le peuple était instruit dans les vérités de la foi, des monastères où les sciences étaient cultivées, des asiles où les malades et les pauvres étaient reçus. C'est au couvent qu'il avait fondé à Hohenbourg, que le noble duc passa les dernières années de sa vie dans la pénitence, pour expier les fautes de sa jeunesse. Il mourut, après avoir administré pendant vingt-quatre ans le duché d'Alsace. Cf. *Vie de Sainte-Odile*, par MABILLON ; SCHŒPFLIN-RAVENEZ. T. III, p. 552.

bourg.[1] Il consacra au service de la religion, et au soulagement des pauvres tous ses biens, qui étaient considérables. Dans un voyage qu'il fit à Rome, il reçut du pape Adrien Ier, les reliques de sainte Sophie et de ses trois filles : sainte Foi, sainte Espérance et sainte Charité ; il en fit don au couvent d'Eschau. Ce saint évêque n'a jamais reçu un culte public dans le diocèse de Strasbourg ; mais le pape Léon IX, dont il était parent, autorisa la célébration de sa fête au couvent d'Eschau, et l'on continua de l'honorer comme bienheureux, jusqu'à la suppression de l'abbaye.

Quant aux couvents d'hommes, il en existait déjà plusieurs en Alsace vers la fin du septième et au commencement du huitième siècle. C'étaient les abbayes de Marmoutier, de Wissembourg, de Munster, d'Ebersheim, de Surbourg, de Haslach, de Sigismond, de Neuwiller et de Murbach. La fondation de la plupart de ces abbayes était due à la pieuse générosité des rois d'Austrasie et des seigneurs du pays, qui voulaient ainsi assurer leur salut et le salut de leurs familles. Les chartes que nous reproduisons à la fin de ce livre, prouvent que telles étaient leurs pieuses intentions.

Aujourd'hui on ne comprend pas ce zèle qui portait nos ancêtres à fonder des monastères et à les doter richement. C'est parce qu'on ne se reporte pas au temps où ces libéralités ont été faites. La France était alors couverte de forêts.

[1] GRANDIDIER. *Hist. de l'Église de Strasbourg.* I, 303.

L'invasion des peuples barbares, les guerres continuelles avaient rendu incultes des contrées entières. Que pouvaient, pour rendre fécondes ces terres stériles, quelques habitants épars dans ces déserts ? Il fallait de grands rassemblements d'hommes, vivant sous l'obéissance de chefs, travaillant avec ordre et persévérance, mus par un motif surnaturel, un motif assez puissant pour se soumettre aux grandes fatigues du défrichement des terres, du dessèchement des marais. La religion a pourvu à tous ces besoins. Elle a réuni, sous la volonté de supérieurs intelligents, des milliers de bras, opérant par l'association monastique ce que des individus n'auraient jamais pu réaliser. Les rois et les riches seigneurs, témoins de leurs succès, leur abandonnaient autant de terres qu'ils voulaient en cultiver. Ce n'était pas alors leur donner des richesses, mais les charger de travaux pénibles, travaux qui ont converti des contrées sauvages en ces sites pittoresques dont nous jouissons aujourd'hui. Ce sont les associations monastiques qui ont fait la France ce qu'elle est ; et c'est ce que les gouvernements, qui aujourd'hui les persécutent, ne devraient pas oublier.

Nous reviendrons sur ce sujet, et nous dirons les services que l'ordre célèbre de Saint-Benoît, auquel appartenait saint Fulrade, a rendus à la société, par la diffusion des lumières, par la culture des sciences et des beaux-arts ; c'est ce qui engageait les rois et les grands à confier aux moines l'éducation de leurs fils.

Ce qui fera toujours la supériorité des associations monastiques sur les établissements laïques, c'est que dans les monastères on forme des hommes spéciaux. Les supérieurs étudient les talents, les goûts, les dispositions particulières de chaque individu, et c'est vers la carrière pour laquelle il montre le plus d'aptitude que ses études sont dirigées. Cette supériorité des maisons religieuses d'éducation est un fait indiscutable ; c'est là que se trouve la vraie cause de cette guerre à outrance que la secte ne cesse de leur livrer.

C'est à la pieuse générosité d'Etichon et de sa fille, sainte Odile, que l'abbaye d'Ebersheim dut son origine. Saint Déodat (saint Dié) en fut le premier abbé. Le plus ancien monastère d'Alsace fut celui de Marmoutier (590) près de Saverne. Son fondateur fut saint Léobard, disciple de saint Colomban. Childebert II, roi d'Austrasie, le prit sous son patronage, et lui fit de grandes libéralités. Ce prince avait un château à Kirchheim, à peu de distance de l'abbaye ; il voyait fréquemment les religieux et aimait à s'entretenir avec eux. Il recevait volontiers les conseils de saint Grégoire-le-Grand, qui lui écrivait, louait sa piété en même temps qu'il lui retraçait ses devoirs comme roi. Voici ce qu'il lui disait dans une de ses lettres : „C'est peu d'être roi, mais c'est beaucoup d'être catholique. Comme une grande lampe brille dans les ténèbres d'une nuit profonde, ainsi la splendeur de votre foi rayonne au milieu de l'obscurité volontaire des peuples étrangers. . . . Afin de surpasser les autres hommes par les œuvres, comme par la foi, que Votre Excellence ne cesse de se montrer clémente envers ses sujets s'il y a des choses qui vous offensent, ne les punissez pas sans examen. Vous commencerez à plaire davantage au Roi des rois, quand, restreignant votre autorité, vous vous croirez moins de droit que de pouvoir.[1] " Voilà le noble langage que ces Papes tant décriés du Moyen-Age tenaient aux rois, leur recommandant d'user avec modération de leur autorité vis-à-vis de leurs sujets ; et les rois ne s'offensaient pas de cette sainte liberté, parce qu'ils voyaient dans le Pape un père et le représentant d'une autorité divine. Nos gouvernements révolutionnaires ont renversé cet ordre de choses. En écartant Dieu de leur politique, ils ont mis à sa place le Dieu-État qui, parce qu'il n'admet pas de contrôle au-dessus de lui, n'a d'autre règle que l'arbitraire et souvent la violence.

Cette lettre de saint Grégoire au roi d'Austrasie nous montre aussi tout l'intérêt que ce grand Pape portait aux populations d'Alsace. Sa sollicitude avait surtout pour objet le progrès de la religion, le salut des âmes. Un des moyens qu'il employait pour atteindre ce but, était d'envoyer de zélés missionnaires dans toutes les directions. Ceux-ci établirent partout des monastères où de nouveaux apôtres furent formés, pour aller évangéliser les nations. Nos contrées ne furent pas oubliées : saint Grégoire doit être regardé comme le vrai fondateur de l'abbaye de Munster

[1] *Les Moines d'Occident*, par M. DE MONTALEMBERT. T. II, p. 13.

en 660. Les religieux qui sont venus s'établir dans cette solitude avaient été formés à son école, et c'est pour perpétuer ce souvenir que cette vallée a pris le nom de saint Grégoire, qu'elle porte encore aujourd'hui. Le roi Childéric II protégea cette abbaye et lui fit des donations importantes. La règle de saint Benoît y était observée dans toute sa pureté. Le plus bel éloge qu'on puisse faire de ce monastère, c'est de rappeler qu'il en est sorti un grand nombre d'hommes illustres, dont plusieurs furent évêques de Strasbourg. Nommons entre autres: saint Juste, saint Maximin, Ansoald, au septième siècle; Heddon, fils d'Etichon II, duc d'Alsace, saint Rémy, dont nous avons déjà parlé, et Rachion au huitième siècle.

Le jeune Fulrade a certainement connu les bénédictins de Munster, et quelques-uns des saints qui ont été formés par eux; c'est sans doute le commerce de ces hommes qui a fait naître en lui le désir de la vie monastique.

Rappelons aussi que cette abbaye a produit plusieurs savants célèbres. Dom Calmet (1672—1757), abbé de Senones, y a été sous-prieur; il existe de lui une *Chronique* de l'abbaye. C'est là qu'il enseignait l'exégèse et qu'il composa ses *Commentaires* des saintes écritures. Léopold Durand (1666—1749) s'est fait remarquer par ses connaissances en mathématiques et en architecture. Dom Benoît Sinssart (1696-1776) s'est rendu célèbre par les écrits qui ont pour titre: *Les Chrétiens anciens et modernes*, et *Abrégé des points les plus intéressants de l'histoire ecclésiastique.* C'est ici le lieu d'entrer dans quelques développements sur l'ordre célèbre, dont saint Fulrade a été l'une des gloires les plus pures.

CHAPITRE II.

Les Bénédictins grands bienfaiteurs de l'humanité. — Saint Fulrade bénédictin ; Abbé de Saint-Denys.

Il est certain que saint Benoît a été suscité de Dieu, pour convertir au christianisme les peuples encore plongés dans les ténèbres de l'idolâtrie, et leur apporter avec le flambeau de la foi les bienfaits de la civilisation et même le bien-être matériel. Pour réussir dans une entreprise qui devait rencontrer d'immenses difficultés, saint Benoît commença par former une armée d'hommes apostoliques, pleins de l'esprit de Dieu, et tout embrasés de zèle pour procurer sa gloire et le salut des âmes. Pour former de tels hommes, il était nécessaire de les soumettre à une règle : c'est ce que fit saint Benoît. Sa règle a été regardée par d'illustres hommes d'Etat, comme un chef-d'œuvre de Constitution.

Elle est courte, simple, fondée sur une parfaite connaissance du cœur humain ; prescrivant l'humilité, l'obéissance, la chasteté, la pauvreté, le renoncement à la volonté propre, le silence, la mortification, la pratique des conseils évangéliques. Pour juger de l'excellence de cette règle, il suffit de nous rappeler les fruits merveilleux qu'elle a produits dans le monde.

On ne peut nier que les ordres religieux, et en particulier les Bénédictins, n'aient rendu d'immenses services à l'humanité. Outre la prière, l'éducation de la jeunesse, le ministère de la prédication, et la direction des âmes, leurs principales occupations étaient le travail des mains, le défrichement du sol, la culture des sciences et des beaux-arts, la conservation et la reproduction des monuments de la littérature ancienne, des livres saints, des écrits des Pères de l'Eglise. Partout à côté du monastère une école était fondée, où les enfants recevaient l'instruction gratuitement, mais dans la vraie signification de ce mot.

Tous les jours, à l'heure du repas, la part du pauvre était faite. Autour du monastère se groupèrent des habitations, et c'est ainsi qu'ont surgi en Alsace les villes de Marmoutier, de Massevaux, d'Ebersheim etc., etc. Ce fut l'origine d'une infinité de villes en France, ce fut l'origine de notre ville de Saint-Denys.

En rappelant ici très sommairement les bienfaits dont la société est redevable aux moines, on ne peut que s'indigner au souvenir des persécutions dont ils ont été victimes dans les derniers temps. M. de Montalembert écrivait, il y a vingt ans: „Qui pourra croire dans l'avenir que le peuple „français a laissé ignominieusement chasser, voler „et proscrire les hommes et les institutions aux-

„quels les trois huitièmes des villes et des bourgs „de notre pays doivent l'existence.¹ " Qu'aurait dit M. de Montalembert, s'il avait assez vécu pour être témoin de la proscription générale en 1880?

Nous l'avons déjà dit, ce sont les rapports que Fulrade a eus avec les disciples de saint Benoît, qui décidèrent sa vocation. Il se persuada qu'il ne pourrait mieux servir Dieu et se sanctifier que dans cet ordre, qui avait déjà fourni à l'Eglise un grand nombre de saints et un Pape illustre : Saint Grégoire-le-Grand.²

---

¹ *Moines d'Occident* Introd., p. LXIX.

² Si saint Benoît a été le fondateur de la Règle, qui porte son nom, saint Grégoire en a été le zélé propagateur, et comme une vivante personnification. Par sa vie austère, sa prodigieuse activité, malgré la délicatesse de sa santé, par son amour de l'étude, son goût pour les sciences et les beaux-arts, et surtout par son zèle apostolique à étendre le règne de Jésus-Christ, il était le grand modèle et l'ornement de son ordre. Il fut élevé au suprême Pontificat, à une époque où l'Europe présentait le spectacle d'un amas de ruines, par suite de l'invasion des barbares. Après les Huns, les Goths, c'étaient les Lombards, qui semaient partout la désolation, et les empereurs d'Orient étaient devenus impuissants à les soumettre. Saint Grégoire, par l'ascendant de son génie, et surtout de sa vertu, parvint plus d'une fois à sauver Rome et ses dépendances d'une complète dévastation. Ce Pape, en politique prévoyant, comprit que pour soustraire le Saint-Siège au double joug des Byzantins et des Lombards, le meilleur moyen était une alliance avec les Francs. Dès lors, il cherchait à réaliser ce plan, et préparait de loin les voies aux souverains de cette nation qui devaient, deux siècles plus tard, affranchir définitivement les Papes de

Saint Fulrade a-t-il fait son noviciat dans quelque monastère d'Alsace ? Cela n'est pas certain. Quelques auteurs s'appuyant sur un ancien nécrologe, sont d'avis qu'il a embrassé la vie monastique dans l'abbaye de Saint-Denys vers la moitié du huitième siècle. Il se fit bientôt remarquer parmi les religieux par ses grandes qualités de l'esprit et du cœur. Aussi lorsque la charge d'abbé vint à vaquer, tous les suffrages se portèrent sur

toute oppression étrangère, de la domination byzantine, comme de la violence des Lombards.

Peu de Pontifes romains nous ont laissé autant d'écrits que saint Grégoire. C'est dans ses nombreuses lettres aux évêques que nous voyons avec quel zèle infatigable il veillait à la réforme des abus, à la restauration de la discipline ecclésiastique, à l'extirpation de la simonie qui désolait l'Eglise. Il prenait un soin particulier à bien organiser l'office divin. Un de ses grands mérites est d'avoir soumis le chant de l'Eglise à des règles précises ; il fonda une école de chant qui devint célèbre ; et ce grand Pape voulut lui-même présider aux exercices. Nous verrons plus tard que c'est à cette école que Charlemagne a demandé des maîtres pour les églises de France. Le chant grégorien qui, par son caractère simple, solennel et grave, convient si bien à la sainteté de nos mystères, a malheureusement subi de bien regrettables altérations. Dans beaucoup d'églises on le trouvait barbare, parce qu'on le chantait mal ; dans d'autres, il était remplacé par une musique qui n'avait rien de religieux. Nous devons néanmoins ajouter que de nobles efforts ont été faits, dans ces derniers temps, par des hommes très compétents, pour ramener ce chant à sa beauté primitive. Grâce à de sérieuses recherches, la phrase grégorienne a été retrouvée quant à la substance, mais il existe encore des variantes qui devront disparaître pour arriver à l'uniformité. Une des gloires de l'Église catholique, une démonstration de sa divinité, c'est que tout y tend à l'unité.

lui, comme le plus digne de la remplir. Ses talents furent bientôt connus au dehors, et nous verrons plus loin quels emplois importants lui ont été confiés et avec quel étonnant succès.

CHAPITRE III.

Origine de l'abbaye de Saint-Denys. — Son fondateur Dagobert Ier.

L'abbaye de Saint-Denys doit son origine au tombeau du premier apôtre des Gaules, qui fut martyrisé avec ses deux compagnons, Rustique et Eleuthère, sur la colline où s'élève aujourd'hui une magnifique basilique en l'honneur du Sacré-Cœur, et qui a gardé jusque maintenant le nom de Montmartre (*mons martyrum*) en souvenir de ces glorieux confesseurs. La tradition raconte qu'une pieuse dame, nommée Catulle, recueillit les corps des saints martyrs, et les fit déposer dans un champ qui lui appartenait. Par les soins des fidèles une église fut construite sur ce tombeau. Ce premier édifice ayant été ravagé au temps de l'invasion des barbares, sainte Geneviève, aidée de quelques prêtres zélés de Paris, la fit rebâtir.

A partir de cette époque les fidèles vinrent en grand nombre, même des extrémités de la France, se recommander à la protection des saints patrons, attirés par les grâces nombreuses et extraordinaires dont Dieu se plaisait à glorifier les saints martyrs. Les guerres, qui troublèrent la France pendant le règne de Chilpéric, ralentirent le zèle des pèlerins ; la basilique en eut à souffrir ; mais sous Clotaire II et Dagobert Ier, il s'était formé une communauté de religieux, vivant selon la règle de saint Benoît et desservant l'église des saints martyrs. Ce fut là l'origine de l'abbaye de Saint-Denys. Nous avons une charte de Clotaire II qui confirme certaines libéralités, faites à la communauté naissante par une dame riche appelée Théodetrude[1] et par un pieux négociant du nom de Jean. Ce document nous apprend que le premier abbé s'appelait Dodon.

Cette même charte fait remonter l'abbaye de Saint-Denys en l'an 620, mais Dagobert Ier est généralement regardé comme le vrai fondateur,[2] tant à cause de la grande dévotion que ce roi professait pour l'apôtre et le patron des Gaules, qu'à raison des bienfaits et des libéralités dont il aimait à combler l'abbaye. En effet, ce fut ce prince qui entreprit la reconstruction de l'église de Saint-Denys d'après un plan plus vaste ; et pour l'embellir, il épuisait volontiers ses trésors. Il la décora de marbres précieux, de tapis magnifiques, et de portes en bronze. Pour la célébration des offices il fit don à l'abbaye de vases précieux, de calices d'or rehaussés de pierreries. Saint Eloy, devenu célèbre par son talent d'artiste, cisela de ses mains un admirable tombeau destiné à renfermer les reliques de saint Denys et de ses compagnons de martyre. La tradition raconte que

---

[1] D. Félibien, p. 7, pièces justif. N° 1.
[2] Mabill. *Annal. Bénéd.* Liv. XII, n°s 1-3. D. Félib., p. 10.

Jésus-Christ lui-même, entouré d'un cortège de martyrs et de confesseurs, vint faire la consécration de ce temple.[1] Le roi et tous les seigneurs de la Cour assistèrent à la translation des reliques des saints martyrs. Cette cérémonie eut lieu avec grande solennité le 22 avril, jour où l'insigne chapitre de Saint-Denys célèbre encore aujourd'hui l'invention des corps des saints martyrs.

Dagobert avait été roi d'Austrasie du vivant de son père : comme il était encore très jeune quand il accepta ce poste, Clotaire II lui donna pour conseillers saint Arnoulf, évêque de Metz, et Pépin, maire du palais. Grâce à cette direction, le jeune prince gouvernait avec prudence, en prenant la religion pour base de son administration.

L'Alsace doit à sa piété plusieurs établissements religieux, entre autres le monastère de Wissembourg. Devenu roi de France après la mort de son père, il se montra très zélé propagateur de la civilisation chrétienne, en favorisant la création de monastères. Parmi le grand nombre d'abbayes qui existaient déjà en France, celle de Saint-Denys occupait sans contredit le premier rang. Le nombre des moines étant devenu très considérable, Dagobert institua la psalmodie perpétuelle, *laus perennis*, comme elle se pratiquait déjà dans quelques monastères de France, entre autres à Saint-Martin de Tours où les religieux se succédaient jour et nuit pour chanter sans interruption les

---

[1] *Acta SS.* T. XII, p. 204 *Gesta Dagob.*, c. 17.

louanges de Dieu. Certains historiens reprochent à ce roi de n'avoir pas su dominer ses passions.[1] Il honorait les saints de son temps, mais il n'eut pas le courage de les imiter. Il avait admis à sa Cour saint Ouen et saint Eloy, dont il aimait assez à suivre les conseils. Deux ans avant sa mort, il fit comme une confession publique de ses fautes, dans une grande assemblée d'évêques, d'abbés et de seigneurs, et en présence de ses deux fils: Sigebert, roi d'Austrasie, et Clovis, roi de Neustrie. — C'est dans cette même assemblée qu'il fit son testament, par lequel il légua ses biens considérables, dont une partie était destinée à la création de maisons de charité, pour le soulagement des pauvres, pour l'entretien des veuves et des orphelins; et une autre partie, pour faire célébrer des messes en expiation de ses péchés. Atteint à Epinay d'une maladie grave, il se fit transporter à l'abbaye de Saint-Denys, où il mourut le 19 janvier 638. Il est le premier roi qui fut enterré dans la basilique.[2] Le fils de Dagobert, Clovis II, ne

---

[1] Frédég., *Chron.*, c. 60.

[2] Rien n'est plus curieux que le monument funéraire de ce roi, lequel se trouve à droite de l'escalier qui conduit au chœur de la confession. Ce monument représente en bas-reliefs le rêve qu'un saint anachorète doit avoir eu à l'occasion de la mort de Dagobert, et qui est raconté par l'auteur des *Gesta Dagoberti*, par Félibien et par Montfaucon. Le vénérable solitaire raconta à un personnage nommé Ansvald, défenseur de l'église de Poitiers, et chargé d'une mission importante en Sicile, le rêve qu'il avait eu, et s'exprimait à peu près en ces termes: „Un jour que j'étais fatigué par l'âge et par les veilles, je m'endormis, lorsque je fus réveillé par un homme vénérable, qui me

se montra pas moins généreux envers l'abbaye que son père : il demanda pour elle à saint Landry, évêque de Paris, le privilège de l'exemption. Mais afin de procéder dans une affaire aussi délicate selon les règles de l'Eglise, il convoqua une assemblée d'évêques, auxquels il exposa les raisons qu'il avait de demander cette faveur. Il leur dit

recommanda de prier pour l'âme de Dagobert, qui venait de mourir. Pendant que je me hâtais de le faire, je vis au loin sur la mer des démons affreux, dans une barque. Ces malins esprits traînaient le roi en le frappant à coups de fouet, vers des volcans en feu, pendant qu'il appelait à son secours, par des cris continuels, saint Denys, saint Martin et saint Maurice. Aussitôt un formidable orage avec des coups de tonnerre et de foudre éclata. Les trois saints parurent et firent des efforts pour arracher le roi des griffes des démons : une terrible lutte s'engagea, mais les saints triomphèrent, et forcèrent les démons à lâcher prise, puis ils portèrent le roi dans le sein d'Abraham.

Le monument se divise en trois plans superposés l'un à l'autre. Dans le premier la barque montée par un groupe d'affreux démons s'approche; déjà les mauvais esprits sont en possession du roi; déjà ils rient de leur triomphe, entraînant la victime. Mais les saints au second plan tendent leurs mains au roi, saint Denys et saint Martin revêtus de leurs ornements épiscopaux, saint Maurice en costume de guerre. Dagobert est sauvé, saint Maurice frappe à coups redoublés sur ces terribles monstres, qui finissent par se retirer furieux. Le troisième plan représente Dagobert montant au ciel, soutenu par les saints. Ce bas-relief est extrêmement remarquable, tant par l'originalité de la conception, que par la finesse de l'exécution. Nous ajoutons les paroles de Guillaume de Nangis :

„Et se ne me croyez, allez à Sainct-Denys, en France, en l'église et regardez devant l'autel où l'on chante tous les jours la grand messe, là où le roi Dagobert gist. Là verrez vous au-dessus de luy ce que vous ay dit, pourtraict et de noble œuvre richement enluminée."

que c'était pour mettre un terme aux prétentions souvent exagérées des évêques, prétentions qui s'élevaient jusque sur les biens et les revenus des abbayes. En effet, saint Grégoire le Grand, dans un concile tenu à Rome l'an 601, se vit forcé d'ordonner à quelques évêques de ne plus rien exiger des abbayes, ni en charges, ni en argent. En exemptant les abbayes de la juridiction des évêques, l'intention de saint Grégoire était de fortifier la vie spirituelle des communautés. Il disait à celle de Rimini, à laquelle il avait accordé ce privilège : „Soyez maintenant d'autant plus zélés pour l'œuvre de Dieu, d'autant plus assidus à l'oraison; car autrement vous paraîtrez avoir voulu, par l'exemption, dérober votre relâchement à la sévérité des évêques." Les évêques, consultés par Clovis II, approuvèrent la demande du Pape et signèrent la charte en confirmation de ce privilège. En retour de cette faveur, le pieux monarque exigeait que les moines rétablissent la psalmodie perpétuelle, *Laus Perennis*, de la manière qu'elle s'observait à Saint-Maurice-d'Agaune et qu'ils l'avaient pratiquée eux-mêmes du vivant du roi Dagobert.

Plus tard l'exemption de l'abbaye fut confirmée par le Pape Zacharie, qui dit „l'accorder pour l'amour et en considération du grand martyr saint Denys". Les rois, successeurs de Clovis, honorèrent saint Denys comme leur patron, et le patron de la France; c'est à Saint-Denys qu'ils venaient prendre l'oriflamme avant de se rendre aux croisades; c'est au cri de *Montjoie Saint-Denys* qu'ils engagèrent des batailles et remportèrent des victoires; c'est la basilique où reposent les corps du saint apôtre et des compagnons de son martyre, qu'ils choisirent pour le lieu de leur sépulture.

Après avoir donné succinctement l'histoire de la fondation et des premiers temps de l'abbaye, dans ce qu'elle présente de plus intéressant, nous revenons à saint Fulrade.

CHAPITRE IV.

Dom Fulrade doit-il être classé au nombre des saints?

Fulrade prit le gouvernement de l'abbaye à une époque, où le relâchement avait gagné un grand nombre de monastères. Ses premiers soins se portèrent sur l'exacte observation de la règle; et comme il était toujours le premier à s'y conformer, ses frères en religion n'éprouvèrent pas de peine à marcher sur ses traces. On a quelquefois posé la question si Fulrade doit être classé parmi les saints? Nous n'hésitons pas à répondre affirmativement. Plusieurs historiens lui donnent ce titre, et dans les Bollandistes, il est nommé parmi les archichapelains qui ont reçu un culte public après leur mort.[1]

D'ailleurs, la dignité d'archichapelain ne s'accordait qu'à des hommes d'une vertu éprouvée; pour avoir droit à cette prélature, il fallait être de race noble, et revêtu du caractère épiscopal. Nous concluons de là que si Fulrade, qui n'était que

[1] *Acta Sanct.* Tom III, p. 33.

simple prêtre, a été élevé à cette dignité, il le devait uniquement à la sainteté de sa vie.

Nous avons aussi le témoignage de Dom Doublet, qui dit dans son livre des *Antiquités* (chap. 28) que saint Fulrade a été enterré dans le monastère, qu'il avait fondé en l'honneur de saint Alexandre en Alsace ; que ses reliques y sont vénérées par les fidèles, et que sa fête est célébrée le dix-sept février.[1] L'historien Peyrat, conseiller et grand aumônier des rois Henri IV et Louis XIII, nomme les vingt archichapelains du palais, qui ont reçu sous les rois Mérovingiens un culte public après leur mort, et il cite saint Fulrade le vingtième.[2] Il est certain que ses reliques ont été publiquement vénérées dans l'église du prieuré de Saint-Alexandre à Lièpvre, jusqu'à l'époque où les ducs de Lorraine, abusant du droit d'avouerie qu'ils avaient reçu sur ce monastère, mirent la main sur ses biens et rattachèrent le monastère à l'église primatiale de Saint-Georges, à Nancy.

Une autre preuve de la sainteté de Fulrade, nous la trouvons dans les rapports d'amitié qu'il entretenait avec saint Boniface, l'illustre apôtre de la Germanie, devenu célèbre par ses travaux apostoliques et par l'éclat de ses vertus. Les lettres que le zélé missionnaire écrivit aux Souverains-Pontifes Grégoire III et Zacharie, nous révèlent le triste état de la religion à cette époque, les graves désordres qui avaient envahi

---

[1] *Acta Sanct.* Tom. III, p 33.
[2] PEYRAT. L. 1, c. 26.

jusqu'au sanctuaire au grand scandale des peuples. Les Pontifes de Rome voyaient en saint Boniface l'homme de la Providence, pour remédier à tant de maux, convertir les infidèles, et rétablir la discipline ecclésiastique. Les Papes l'encourageaient dans cette difficile mission, et l'investissaient de tous les pouvoirs d'un légat du Saint-Siège. Il fut d'ailleurs fortement secondé par Carloman qui gouvernait alors l'Austrasie. Pour se conformer aux conseils de saint Boniface, ce prince pieux convoqua plusieurs conciles dans les années 742 et 743. Un des plus célèbres fut celui de Lestines, une maison royale dans le diocèse de Cambrai. Tous les évêques, comtes, abbés et officiers de l'Austrasie y assistèrent : saint Boniface présidait. Le concile s'ouvrit par la lecture des actes des conciles germaniques, tenus précédemment, dont les canons furent unanimement approuvés. De nouvelles décisions furent prises ayant pour objet la discipline ecclésiastique : les évêques et les prêtres promirent de vivre selon les saints canons, et les abbés s'engagèrent à recevoir la règle de saint Benoît. Le Pape Zacharie, à qui saint Boniface avait envoyé un rapport sur les travaux de cette assemblée, exprima sa satisfaction dans une lettre à tous ceux qui y avaient pris part, et manifesta en même temps le désir qu'il fût tenu tous les ans un concile, pour remédier aux erreurs et aux abus qui pourraient déshonorer la sainteté de l'Église et en rompre l'unité.

Pépin-le-Bref ne se montra pas moins zélé que son frère pour la propagation de la foi et la réforme des mœurs. Par ses ordres, un concile fut convoqué, sous la présidence de saint Boniface, à Soissons, en 744.

On le voit, saint Boniface était devenu l'oracle de la France et de l'Allemagne. Il était l'âme de ce grand mouvement de régénération, qui se poursuivait très-activement sous Pépin-le-Bref et Charlemagne. Il ne manquait plus rien à sa gloire que la palme du martyre. Avant d'aller la cueillir, il lui tenait à cœur de consolider le bien qui avait été fait; et l'homme qui lui paraissait le plus à même de remplir ses intentions, c'était Fulrade, le pieux abbé de Saint-Denys. Il avait eu l'occasion de connaître son zèle pour la gloire de Dieu, et l'ascendant qu'il exerçait, par son génie et ses éminentes qualités, sur l'esprit de Pépin, dont il était devenu le plus intime conseiller. Saint Boniface avait formé un certain nombre de zélés missionnaires. Prévoyant sa mort prochaine, il écrivit à saint Fulrade, le priant de les prendre sous sa protection, et de les aider dans leur apostolat.

Cette lettre, dont le texte se trouve dans les Bollandistes,[1] est le plus bel éloge que nous puissions faire de ces deux saints. Citons-en quelques passages: „Boniface, serviteur des serviteurs, à son confrère Fulrade, salut en Notre-Seigneur Jésus-Christ. Je ne pourrai jamais assez remercier votre fraternité de la sainte amitié dont elle m'a donné tant de preuves, en vue de Dieu. Mais je demande au Tout-Puissant de vous en récom-

---

[1] *Acta Sanct.* T. III, p. 34. — Rohrb. T. 6, p. 90.

penser parmi les anges, dans les joies du Ciel. Maintenant, je vous supplie au nom du Christ de saluer de ma part notre illustre et bien-aimé roi Pépin, et de lui exprimer ma bien vive reconnaissance pour le concours qu'il m'a prêté, dans ce que nous avons entrepris pour la gloire de Dieu. Veuillez aussi lui dire qu'il me semble, ainsi qu'à plusieurs de mes amis, que je touche au terme de ma vie terrestre. C'est pourquoi je prie Votre Altesse de vouloir prendre sous sa protection, et d'assister de ses conseils mes chers disciples et collaborateurs, afin qu'après ma mort ils ne soient pas, comme des brebis sans pasteur, exposées à se disperser. De plus, je prie votre bienveillance de faire en sorte, s'il plaît à Dieu, que mon fils bien-aimé et coadjuteur Lulle me succède dans mon ministère. Les prêtres trouveront en lui un bon maître, les religieux, un directeur d'une grande régularité, et les peuples chrétiens un pasteur fidèle." Les Bollandistes ajoutent cette bien juste réflexion : „Il résulte de cette lettre clairement que saint Fulrade jouissait auprès de saint Boniface de la plus haute estime." Dom Félibien, parlant de cette correspondance, dit : „Il est aisé de voir que saint Fulrade était un des amis intimes de saint Boniface. Et cette amitié avait son fondement dans la sainteté de vie de notre abbé.[1]"

La suite prouva que Fulrade tenait à justifier la haute opinion que saint Boniface avait de lui;

D. Félib., p. 59.

car le saint archevêque, avant de mourir, eut la consolation de voir tous ses vœux réalisés. Saint Lulle le remplaça sur le siège de Mayence.

Le grand apôtre n'avait plus qu'un désir, celui de retourner dans la Frise pour y continuer son apostolat parmi les idolâtres. Il eut le bonheur de voir encore plusieurs milliers d'infidèles recevoir le baptême, avant que son apostolat fût couronné par le martyre. L'éloge de saint Boniface est dans ses immenses travaux, entrepris pour la gloire de Dieu et le salut des âmes. Il fut à la fois fils dévoué de la sainte Église, grand archevêque, missionnaire infatigable, fondateur d'un grand nombre d'évêchés, digne légat du Saint-Siège, zélé restaurateur de la discipline ecclésiastique, l'oracle de l'Allemagne et de la France, le conseiller intime de plusieurs princes chrétiens, illustre confesseur de la foi. Son martyre arriva le 5 juin 755.[1]

Dans une lettre à Lulle, Cuthbert, archevêque de Cantorbéry, fait un grand éloge de saint Boniface, qu'il met, avec saint Grégoire et saint Augustin de Cantorbéry, au rang des principaux patrons d'Angleterre.[2] Cette même année (755), Pépin s'acquit une nouvelle gloire par la victoire décisive qu'il remporta sur les Sarrasins, qu'il expulsa des Gaules, et par la prise de Narbonne, capitale du Languedoc, qu'il réunit à la France. Il y réunit aussi l'Aquitaine en 768.

---

[1] *Acta Sanct.*, 5 juin.
[2] Bonif. Ep. 78.

Ces exploits militaires ne l'empêchaient pas de s'occuper des intérêts religieux de son peuple. Il convoqua, le 11 juillet 755, à Verneuil, une assemblée de presque tous les évêques de France; on y dressa vingt-cinq canons, dont la plupart étaient relatifs à la discipline ecclésiastique; on y décida que chaque ville considérable aurait un évêque, que l'évêque aurait pouvoir sur les prêtres et les laïques, pour la correction de leurs mœurs.

Tout en veillant à l'ordre intérieur de l'abbaye, à l'observation de la règle, saint Fulrade portait sa sollicitude sur les intérêts matériels de la maison. Il était convaincu que les préoccupations qu'engendre l'indigence, sont assez souvent un obstacle au progrès spirituel de la communauté. L'abbaye avait été frustrée d'une partie de ses propriétés, par la négligence de quelques abbés, ses prédécesseurs. Les détenteurs de ces biens ayant refusé de les restituer, saint Fulrade obtint de Pépin qu'une enquête eût lieu, à la suite de laquelle l'abbaye rentra dans ses droits.[1] Les rares talents de Fulrade et la sainteté de sa vie lui avaient gagné au suprême degré l'estime et la confiance de Pépin, qui l'éleva à la haute dignité d'archichapelain du palais, et de grand aumônier de France. L'office d'archichapelain au palais consistait à prendre soin des jeunes clercs, destinés aux fonctions ecclésiastiques dans la chapelle du palais.

Cette charge répondait, sous les rois de la pre-

---

[1] Dom Félibien, p. 43.

mière race, à celle de grand aumônier : elle était ordinairement exercée par quelque évêque; mais à cause de l'obligation qu'ont les évêques de résider dans leurs diocèses, Pépin et Charlemagne la donnaient préférablement à des prêtres ou à des diacres, et Hincmar rapporte, comme exemple, l'abbé Fulrade, qui remplit ces fonctions sans être évêque. Comme cette charge le mit souvent en rapport avec la cour, le roi eut l'occasion d'apprécier ses éminentes qualités, et lui confia les plus importantes négociations, comme nous le verrons dans la suite. Fulrade se prêtait d'autant mieux aux desseins du roi, qu'il savait que ce prince était animé des meilleures intentions pour le triomphe du Saint-Siège, alors menacé par les Lombards.

CHAPITRE V.

Mission politique de l'abbé Fulrade auprès du Pape Zacharie. — Réponse du Pape.

Pépin avait fait de Fulrade son confident : il aimait à le consulter dans toutes les graves questions. Il s'en présenta une d'une importance capitale : car il ne s'agissait de rien moins que d'un changement de dynastie. Pépin, qui avait toute la puissance royale, ne devait-il pas avoir aussi le titre de roi ? On sait que les derniers rois mérovingiens n'avaient de la royauté que le nom : c'étaient les maires du palais qui gouvernaient la France. Une situation si anormale ne pouvait se prolonger, sans compromettre le bien de la nation et donner lieu à de graves difficultés. Les Français étaient las de cette espèce d'anarchie : il n'y avait qu'un vœu dans tout le pays, que celui qui était roi de fait, en eût aussi le titre. D'ailleurs, les derniers maires du palais avaient bien mérité de la nation française. Charles Martel s'était acquis une grande gloire par ses éclatantes victoires sur les Sarrasins. Pépin, son fils, avait gagné l'amour des Français, par la sagesse avec laquelle il gouvernait ; il était du reste doué de toutes les qualités qui font les grands rois.

Il se présente ici deux questions : une question de droit, et une question de fait. Pépin pouvait-il prendre le titre de roi du vivant de Childéric III ? La plupart des historiens se prononcent pour l'affirmation, et donnent pour raison que la monarchie était élective. La question de fait se pose ainsi : Le saint Pape Zacharie a-t-il été consulté ; s'est il prononcé, et dans quel sens ? Ces questions ont provoqué une assez vive controverse parmi les historiens : le plus grand nombre admettent le fait de la consultation ; des auteurs également sérieux le déclarent apocryphe. Ils disent qu'Eginard, qui rapporte le fait, et qui était contemporain et secrétaire de Charlemagne, ne mérite aucune confiance ; que les écrivains postérieurs l'ont aveuglément copié. Citons d'abord Eginard. Il dit que saint Boniface, légat du Saint-Siège, apôtre de la Germanie et l'oracle de la France, proposa de consulter le vicaire de Jésus-Christ ; que Burchard, premier évêque de Wurtzbourg, dont la capacité égalait la sainteté, et Fulrade, issu de l'une des plus puissantes maisons d'Austrasie, abbé de Saint-Denys, archichapelain du palais et grand aumônier, furent députés à Rome, et qu'ils consultèrent en ces termes le Pape Zacharie : „*A qui est-il plus juste de donner le nom de roi, ou à celui qui n'a plus rien de la puissance royale, ou à celui qui se trouve en possession de tout le pouvoir souverain?*" Et que le Pape répondit (sans nommer ni Childéric ni Pépin) : „*Qu'il était juste et raisonnable, que celui qui avait la puissance royale, eût aussi le nom de roi.*[1]"

Un auteur contemporain, le continuateur de Frédégaire, rapporte le même fait et ajoute : „Alors, du conseil et avec l'autorisation de tous les Francs, et *avec le consentement du Souverain-Pontife*, l'illustre Pépin fut élevé à la royauté.[2]"

Bossuet, Fénelon, Chateaubriand, cités par Rohrbacher, admettent, sans discussion, le fait de la consultation, et s'attachent seulement à prouver que l'élection de Pépin n'a pas été une usurpation. Voici comme s'exprime Bossuet : „Le Pontife est consulté comme dans une affaire importante et douteuse, s'il est permis de donner le titre de roi à celui qui a déjà la puissance royale. Il répond que cela est permis. Cette réponse, partie de l'autorité la plus grande qui soit au monde, est regardée comme une décision juste et légitime. En vertu de cette autorité, la nation même ôte le royaume à Childéric et le transporte à Pépin; car

---

[1] EGINHARD, *Annal. ad an.* 742, 750.
[2] FREDEG. Contin. an. 752.

on ne s'adressait pas au Pontife pour qu'il ôtât ou donnât le royaume, mais afin qu'il déclarât que le royaume devait être ôté ou donné par ceux qui en avaient le droit.¹" Chateaubriand se prononce encore avec plus d'énergie; nous citons ses paroles : „Traiter d'usurpation l'avènement de Pépin à la couronne, c'est un de ces vieux mensonges historiques, qui deviennent des vérités à force d'être redites; il n'y a pas d'usurpation, là où la monarchie est élective; c'est l'hérédité qui, dans ce cas, est une usurpation. Pépin fut élu de l'aveu et du consentement de tous les Francs. Ce sont les paroles du continuateur de Frédégaire. Le Pape Zacharie, consulté par Pépin, eut raison de répondre: „Il me paraît bon et utile, que celui-
„là soit roi qui, sans avoir le titre, en a la puis-
„sance.²"

Nous nous permettons aussi de renvoyer nos lecteurs aux Bollandistes, qui, dans la vie de saint Fulrade, citent à l'appui du fait de la consultation, des annales contemporaines, et même des plus anciennes.³ Sans nous prononcer sur la question si le Pape a été consulté, nous serions fort étonné qu'il ne le fût pas dans ces temps, où les Pontifes de Rome exerçaient une haute autorité, même dans les questions politiques, et cela du consentement des princes et des peuples. D'ailleurs,

---

¹ *Defensio.* Tom. II, chap. 31.

² *Études histor.* Tom. III, p. 243.

³ *Acta SS.* Tom. III, p. 33.

d'après d'anciens diplômes cités par Schœpflin,[1] le commencement du règne de Pépin remonte à 750, et même à 749, ce qui suppose que Pépin était véritablement roi avant la consultation, qui eut lieu en 751, et que le saint Pape Zacharie s'est borné à confirmer un fait accompli par la volonté de toute la nation. Si cette opinion est fondée, la discussion perd beaucoup de son importance, le Pape n'ayant fait que ratifier le principe généralement reconnu à cette époque, du droit des nations d'élire leur roi.[2]

Enfin, en admettant que le Pape soit réellement intervenu dans cette affaire, et qu'il ait donné la réponse qu'on cite, faudrait-il en conclure qu'au Moyen-Age, les Pontifes suprêmes disposèrent des royaumes à leur gré? Nous trouvons la réponse dans les remarquables paroles de Léon XIII, adressées le 22 avril 1882 aux évêques de Sicile: „Ce serait une grande erreur de juger les actes des Papes du Moyen-Age, d'après les mœurs et les idées des temps actuels, sans tenir compte des

---

[1] BÉRAULT-BERCASTEL, *Hist. ecclés.* Tom. IV, p. 125.

[2] Voir encore l'historien de l'abbaye de Saint-Denys, D. FÉLIBIEN, p. 43; LE COINTE Ann. 754, n° 38; *Ann.* LOISEL., BERT., REGIN. et SCHŒPFLIN, tom. III, p. 346. Cf. l'*Histoire de l'abbaye* par Mme Félicie D'AYZAC, Introduct., p. XVI, et l'ouvrage plus récent du cardinal BARTOLINI : *Di S. Zaccaria Papa etc., Commentarii storico-critici.* — Pour l'opinion contraire, voyez P. DAMBERGER, *Synchronistische Geschichte der Kirche und des Staats im Mittelalter*, t. II, p. 338 et suiv.; *Revue des questions historiques*, t. II, p. 464 et suiv.; *Analecta juris pontificii*, livraison de juin 1877, etc.

lois et institutions de l'époque, où ces Papes ont vécu, et où l'autorité des Pontifes romains pesait d'un grand poids, même *dans les choses politiques, et cela avec l'assentiment des princes et des peuples.* En ces temps, les Etats recouraient au Pape comme à leur père commun, et c'est grâce à cette haute intervention que bien des désordres, des dissensions ont été empêchés."

CHAPITRE VI.

Le Pape Étienne III vient en France implorer la protection de Pépin-le-Bref contre les Lombards. — Fulrade va au-devant du Pape, et le reçoit à l'abbaye de Saint-Denys.

Ce qui rend le nom de saint Fulrade à jamais célèbre, ce qui le place au rang des plus grands hommes de son temps, ce qui lui mérita le titre de bienfaiteur des populations catholiques, c'est l'immense service qu'il rendit à l'Église en consolidant, avec le secours de deux rois chrétiens, Pépin et Charlemagne, les fondements de la souveraineté temporelle des Pontifes romains, si nécessaire au libre exercice de leur mission divine.

Ce n'est pas sans une admirable disposition de la Providence que saint Pierre, le prince des apôtres, établit son siège à Rome, afin que cette ville, qui était devenue la maîtresse du monde dans l'ordre politique, devînt la capitale du royaume spirituel du Christ, et que de cette cité, autrefois le siège de toutes les erreurs, la doctrine du saint Évangile rayonnât sur toutes les nations de la terre : *Ex magistra erroris facta est discipula veritatis.*[1] Constantin, vainqueur de Maxence et de Maximin, premier empereur chrétien, comprit les desseins de Dieu : il abandonna Rome et son patrimoine au Pape, et transporta le siège de l'empire en Orient. Un sentiment instinctif lui disait qu'il ne pouvait y avoir d'autorité suprême à côté de celle qui est au-dessus de tous les pouvoirs suprêmes du monde.

L'histoire nous fait le récit des luttes que les Papes eurent à soutenir dans la suite pour défendre leur indépendance contre les fréquentes invasions des peuples barbares. Rome neuf fois prise d'assaut, fut neuf fois relevée de ses ruines par les Papes : on les vit, par le seul ascendant de leurs prières et de leur personne, arrêter le *Fléau de Dieu.*[2] Le peuple se lassa des maîtres barbares qui l'opprimaient, et il n'avait qu'un vœu : c'est que le souverain pasteur des âmes devînt aussi son souverain pour le temporel. Telle est l'origine de la royauté terrestre des Papes : c'est le peuple qui l'a voulue, qui l'a établie, et heureusement ; car sans cette royauté terrestre des Papes, dit le célèbre historiographe Jean de Müller, le monde serait retombé dans la barbarie sous quelque histrion Lombard, qui eût gouverné l'Église, et alors Rome eût cessé d'exister.[3]

Les successeurs de Constantin étaient devenus

---

[1] S. Léon, *Sermo in Nativitate D.*

[2] Lacordaire.

[3] *Voyages des Papes.*

trop faibles pour protéger la papauté contre les barbares. Leur prestige en Italie diminua d'année en année jusqu'à ce qu'il disparût complètement avec l'exarchat de Ravenne, dont les Lombards s'étaient rendus maîtres sous Astolphe leur chef. Celui-ci, enhardi par ses premiers succès, se disposait à s'emparer de Rome, qu'il menaçait de livrer au pillage. C'était sous le pontificat d'Etienne III. En présence d'un danger imminent, le Pape ne vit de salut que dans une alliance avec les Francs.[1] Il connaissait les sentiments chrétiens de leur roi, son zèle pour le bonheur de son peuple ; il a dû connaître saint Fulrade, quand celui-ci vint à Rome sous le Pape Zacharie, et il savait l'immense crédit dont cet abbé jouissait auprès du roi ; il comptait trouver en lui un ferme appui pour le triomphe de l'Église. Le saint Pontife espérait qu'en implorant la protection de Pépin, elle lui serait accordée sans faute : il se décida donc à venir lui-même en France la demander au roi.

Quand la nouvelle de cette auguste visite fut connue, la joie éclata dans tout le royaume, les Français se trouvant d'autant plus honorés de la présence du Pape, que c'était la première fois que le vicaire de Jésus-Christ venait dans ce pays. L'accueil que Pépin prépara au Pontife devait être en tout digne d'un tel hôte ; et ce fut saint

---

[1] Déjà l'empereur Maurice avait conseillé cette alliance à saint Grégoire, comme unique moyen de soumettre les Lombards. C'était lui abandonner en quelque sorte Rome, l'Italie et tout l'Occident. (ROHRB. Tom. VI, p. 258.)

Fulrade que le roi chargea d'aller au devant de Sa Sainteté, jusqu'au pied des Alpes, pour la conduire ensuite à Pontyon, en Champagne, où la Cour était réunie. Charles, le fils aîné du roi, âgé de douze ans, alla à plus de trente lieues au devant du Saint-Père, et Pépin lui-même se porta à une lieue à sa rencontre. Arrivé en la présence du Pontife, le roi descendit de cheval et se prosterna, ainsi que la reine sa femme, ses enfants, et les seigneurs de sa suite.[1] Le lendemain le Pape, avec tout son clergé, parut devant le roi en vrai pénitent sous la cendre et le cilice, le suppliant à genoux de prendre Rome sous sa protection, et de ne pas permettre que le vicaire de Jésus-Christ, chef de la sainte Église, fût livré à la fureur de ses ennemis. Pépin promit solennellement et avec serment de faire restituer par les Lombards l'Exarchat de Ravenne, ainsi que les places qui en faisaient partie; puis il offrit au Pontife, avec une affection toute filiale, l'hospitalité dans son royaume, protestant du bonheur de tous les Français de posséder au milieu d'eux le vicaire de Jésus-Christ, leur père commun.

Fulrade de son côté n'épargna rien pour prouver au Saint-Père son respectueux dévouement; son bonheur était au comble, quand il sut que le Pape avait choisi l'abbaye de Saint-Denys pour son séjour. Il y fut reçu avec toutes les marques d'amour et de vénération, dues à un hôte si éminent; il y séjourna le reste de l'hiver. On ne peut douter que les religieux de ce monastère ne res-

---

[1] *Annal.* Met. p. 753.

sentissent une extrême consolation de posséder parmi eux un si saint Pape, de le voir, de lui parler, et d'être témoin de ses vertus.[1]

CHAPITRE VII.

Maladie du Pape. — Sa guérison miraculeuse. — Il donne l'onction royale à Pépin. — Pépin marche contre les Lombards. — Le Pape retourne à Rome, accompagné de Fulrade.

Cependant cette joie fut bientôt troublée par un accident qui manqua de causer un grand deuil au roi et à toute la France, mais surtout à saint Fulrade et à ses religieux. Le Pape s'était rendu à Quierzy-sur-Oise, où il présida une assemblée d'évêques, d'abbés et de seigneurs, et où Pépin renouvela ses promesses de prêter secours au Pontife contre les Lombards. De retour à Saint-Denys, le Pape tomba malade. La nouvelle s'en répandit bientôt dans tout le royaume et produisit une consternation générale. Le Pape seul resta calme, témoignant une grande confiance, quand tout le monde désespérait de sa guérison. S'étant fait porter à l'église, il pria et recouvra miraculeusement la santé. Il raconta lui-même cette guérison, disant que saint Denys lui apparut avec les apôtres saint Pierre et saint Paul, et qu'il parla ainsi au malade: „La paix soit avec vous, mon frère; ne craignez rien; vous retournerez à votre siège; levez-

[1] D. Félib., p. 46.

vous; consacrez un autel dans cette église en l'honneur de saint Pierre et de saint Paul, et célébrez-y le saint sacrifice en actions de grâces." Pendant cette vision toute l'église brillait d'une grande lumière, et fut remplie d'une odeur céleste. Cette guérison soudaine excita l'étonnement chez tous ceux qui avaient connu l'état désespéré du Pape; quand celui-ci eut raconté lui-même la vision qu'il avait eue, tous les cœurs furent pénétrés d'une vive reconnaissance envers le Seigneur, qui avait daigné ainsi consoler son vicaire des grandes épreuves, par lesquelles il venait de passer. Le Pape ayant recouvré la santé, fit la dédicace de l'autel avec grande solennité, sous l'invocation du prince des apôtres, selon la recommandation que saint Denys lui avait faite. Après cette cérémonie et avant la sainte Messe, le Pape donna l'onction royale à Pépin.[1] Les deux fils du roi et la reine Berthe furent également couronnés par le Pape, qui donna au roi le titre d'avoué et de défenseur de l'Église romaine, et à ses deux fils celui de patrices romains.

Cette cérémonie terminée, le Saint-Père, heureux de tous les témoignages de vénération et

---

[1] On dit que Pépin avait déjà été sacré à Soissons par saint Boniface. Le fait est contesté par DAMBERGER; HEUSER (*Programm der Realschule zu Cassel*, 1869); AUG. WERNER (*Bonifacius der Apostel der Deutschen*, 1875); ALBERDINGK-THYM (*Hist. de Charlemagne*), etc. Il est admis par la plupart des historiens, auxquels se sont joints dans les dernières années: OELSNER (*König Pipin*); WILL (*Regesten der Mainzer Erzbischöfe*); PFAHLER (*Tüb. Theol. Quart.*, 1879); le Cardinal BARTOLINI (*Di S. Zaccaria*, etc.).

d'attachement qu'il avait reçus de la part du roi et du peuple français, n'avait plus qu'un désir, celui de reprendre le chemin de Rome. Déjà Pépin avait envoyé des ambassadeurs à Astolphe pour l'inviter à renoncer à l'Exarchat de Ravenne et aux villes dont il s'était emparé. N'ayant pu obtenir que des promesses, Pépin se résolut à la guerre et passa les Alpes à la tête d'une vaillante armée. Le Pape suivait, accompagné de saint Fulrade, dont il avait eu l'occasion d'apprécier le mérite pendant son long séjour à l'abbaye de Saint-Denys. La présence de l'abbé à Rome était jugée nécessaire dans la position critique où se trouvait le Pape. Cependant le Saint-Père ne voulut pas quitter l'abbaye sans y laisser des témoignages de son estime et de sa bienveillance ; il lui conféra de grands privilèges, et de plus grands encore à saint Fulrade, comme nous le verrons plus loin. Les religieux, de leur côté, firent présent au Pape de quelques reliques de leur saint patron. Le Pontife estimait si fort ce précieux don, qu'il fit bâtir, en l'honneur de saint Denys qui l'avait si miraculeusement guéri, une belle église à Rome, qu'il destinait à des religieux grecs, mais qu'il n'eut pas le temps d'achever. Paul Ier, son frère et son successeur, y mit la dernière main et, pour remplir les intentions d'Etienne, il en mit les Grecs en possession ; on l'appelait l'école et le collège des Grecs.[1]

Les Lombards ne tinrent pas longtemps tête

---

[1] *Acta SS.* Tom. XII, p. 205; *Anast. apud Coint.*, an. 754.

aux Français : ils se renfermèrent dans Pavie, où Pépin vint les assiéger. Le Pape Etienne voulait par tous les moyens épargner le sang chrétien. Assisté des conseils de saint Fulrade, il proposa un traité par lequel les Lombards devaient rendre Ravenne et les autres places occupées par eux. Astolphe, pour se tirer d'embarras, accepta tout, et Pépin, après s'être fait donner des ôtages, retourna en France. Dans l'intervalle, le Saint-Père s'était dirigé vers Rome ; il y arriva accompagné de Jérôme, frère de Pépin, de saint Fulrade et d'autres seigneurs, que le roi lui avait donnés pour le reconduire. Quand le Pape se trouva près de l'église de Saint-Pierre, il vit les évêques et les clercs, avec une grande multitude de fidèles, venir au devant de lui en chantant : „Dieu soit béni ! Notre pasteur est revenu : il est après Dieu notre salut."

La paix semblait rétablie. Saint Fulrade se hâta de regagner son abbaye. Son crédit ne fit qu'augmenter à la cour. Pépin, pour lui donner une nouvelle marque de son affection et de son estime, lui fit présent d'un château avec ses dépendances, d'une église et d'un monastère près de Verdun. Le roi, dans le diplôme de cette donation, rappelle qu'il a été élevé dans l'abbaye de Saint-Denys *(ubi nutriti sumus)*. Cette charte est datée de Compiègne, le 29 juillet 755.[1]

---

[1] Dom Félibien. P. justif. n° 36.

CHAPITRE VIII.

Nouvelle expédition de Pépin en Italie. — Fulrade est chargé de négocier la donation faite à Saint-Pierre par Pépin.

Dès que les envahisseurs se crurent libres, ils ne firent rien de ce qu'ils avaient promis avec les plus grands serments. Au contraire, ils se livrèrent aux plus horribles excès, profanant et incendiant les églises, pillant les monastères, maltraitant les moines, et massacrant un grand nombre de personnes. Le Pape Etienne III, profondément désolé de ces abominations, eut encore une fois recours à Pépin. Pour exciter de nouveau la compassion du roi, il lui écrivit cette lettre fameuse où il faisait parler l'apôtre saint Pierre, suppliant le roi chrétien de voler à son secours. Fulrade, de son côté, usa de tout son crédit auprès de Pépin, pour faire sortir le Pape de cette pénible situation. Le saint abbé était toujours retenu à Rome par le Souverain-Pontife qui l'aimait, et qui avait recours à sa rare prudence dans tous les cas difficiles. Les religieux de Saint-Denys se consolèrent de cette longue absence de l'abbé par la pensée des grands services qu'il rendait à la sainte Église. „On ne peut douter, dit Félibien, que saint Fulrade ne s'acquît une grande gloire dans ces circonstances." En homme de génie, il avait compris que les Pontifes romains, pour exercer sans entraves leur divine mission, avaient besoin d'une position indépendante, qui les mît à l'abri des entreprises ambitieuses des princes de la terre. Aussi a t-il travaillé toute sa vie à leur assurer cette indépendance, secondé efficacement dans son œuvre par Pépin et Charlemagne.

Le nouveau secours demandé par Etienne ne se fit pas attendre longtemps. Pépin comprit que le moment était venu de frapper un coup décisif, après que le roi des Lombards avait si indignement violé les traités.

Il rentra donc en Lombardie avec toutes ses forces, en protestant qu'il combattait, non pour un intérêt humain, mais pour l'amour des saints apôtres. Astolphe s'étant une seconde fois renfermé dans Pavie, Pépin l'assiégea et le pressa si vivement qu'il le força de se livrer à discrétion. Pépin, devenu maître de toute l'Italie, attribua le succès de ses armes à la divine Providence, qui l'avait visiblement assisté ; il se crut donc en droit, à raison des énormes sacrifices que cette guerre lui avait coûtés, de disposer du fruit de ses conquêtes en faveur de la sainte Église. Pour rendre les Pontifes romains complètement indépendants, il institua, par un acte de donation solennel, saint Pierre et tous ses successeurs possesseurs à perpétuité de l'Exarchat de Ravenne et des places qui en dépendaient. C'est par cette donation que la royauté temporelle des Papes reçut une confirmation solennelle et régulière. Comme nous le voyons, elle est fondée sur des droits solides et incontestables, ce qui n'empêcha pas l'empereur romain Constantin Copronyme, plus occupé à combattre les saintes images que les Lombards, d'envoyer des ambassadeurs à Pépin, revendiquant les possessions conquises ; le roi se contenta de lui répondre qu'il avait entrepris cette expédition, non pas pour l'empereur de Constantinople, mais pour l'honneur de saint Pierre et le bien de la religion. Afin de mieux faire connaître que telle était sa volonté, le roi voulut donner à l'acte de donation toute la solennité possible. A cet effet, saint Fulrade, dont la rare prudence était universellement connue, fut chargé, en sa qualité de légat du Pape et d'ambassadeur du roi de France, d'organiser la mise en possession. Accompagné des députés d'Astolphe, il se rendit donc dans toutes les villes de l'Emilie et de la Pentapole, pour s'en faire remettre les clefs. Puis il alla à Rome, les déposer solennellement sur le tombeau de saint Pierre. La donation comprenait, outre l'Exarchat de Ravenne, la Pentapole, savoir les cinq villes de Rimini, Pesaro, Urbin, Sinigaglia et Ancône. Les places annexées à celles de l'Exarchat étaient au nombre de vingt-deux, et formèrent le premier fonds de l'État ecclésiastique, ou patrimoine de saint Pierre, qui fut encore accru par Charlemagne, comme nous le verrons plus loin. Cet évènement est raconté par l'historien de l'abbaye de la manière suivante:

„Cette période (huitième siècle) vit se succéder dans le monastère un grand nombre d'illustres abbés. Fulrade, le plus célèbre d'entre eux, décida la révolution qui plaça Pépin sur le trône, et il eut la joie de voir ce prince, la reine Berthe et ses fils Charles et Carloman, marqués de l'onction royale de la main d'Etienne III, dans la basilique de Saint-Denys. Ce prélat, jouissant d'un grand crédit auprès du roi, fut chargé de traiter avec Astolphe de la restitution de Ravenne et de la Pentapole. Son intervention ne fut pas superflue pour réduire le roi Lombard. On sait que vingt places furent rendues à Fulrade, qui alla en prendre possession au nom de son souverain, et qui en reçut les clefs dans chaque cité avec un ôtage. Fulrade se rendit alors à Rome et plaça les clefs des vingt villes sur l'autel de saint Pierre avec l'acte de la donation. Après la mort d'Astolphe, les négociations de Fulrade furent encore utiles au Pape. Il concourut à assurer la couronne de la Lombardie sur la tête du roi Didier et, grâce à ses soins, le Pape rentra en possession de quelques nouvelles places.[1]"

CHAPITRE IX.

Nouveaux troubles en Italie. — Saint Fulrade est envoyé en qualité de légat auprès de Didier. — Le Pape loue sa prudence et lui accorde de grands privilèges.

Cependant les Lombards ne cessèrent pas de conspirer. Astolphe, sans aucun respect pour les traités, se disposait à reprendre les possessions qu'il avait été forcé de céder, lorsque Dieu

---

[1] Cette expédition de Pépin ayant été diversement jugée, nous croyons devoir reproduire les sentiments du savant père THOMASSIN. „Il est évident 1° que le Pape gouvernait tout l'État de Rome et de l'Exarchat, c'est-à-dire de ce qui restait encore sous l'empire de Constantinople ; c'était lui qui faisait la paix, qui parait aux désordres de la guerre, qui protégeait les villes, qui écartait les ennemis, qui avait

arrêta subitement ses projets. Dans un divertissement de chasse, il tomba de cheval, et se blessa si dangereusement qu'il en mourut le troisième jour. Les changements qui suivirent cette mort rendirent la présence de Fulrade à Rome plus nécessaire que jamais. Didier, duc de Toscane, se fit proclamer roi des Lombards; mais il trouva un compétiteur dans Rachis, frère d'Astolphe, qui quoique religieux, cédant aux instances de quelques seigneurs ambitieux, sortit de sa retraite pour disputer la couronne à Didier. Celui-ci invoqua contre le prétendant la protection de Pépin, promettant par serment qu'il respecterait les nouvelles possessions du Saint-Siège.

la principale correspondance avec l'empereur et avec les rois voisins, de qui on pouvait attendre des secours. Ainsi la domination lui était tombée entre les mains par la seule disposition du ciel.

„2° Le Pape conservait toutes ces provinces dans l'obéissance de l'empereur; dans les dernières extrémités où il se vit réduit, il n'implora le secours que de l'empereur; et ce ne fut que lorsque l'Italie eut été entièrement abandonnée par son souverain légitime, qu'elle chercha la protection de la France.

„Le Pape (Étienne III), avant que de venir en France, étant accompagné des ambassadeurs de l'empereur et du roi Pépin, alla trouver le roi des Lombards à Pavie, et lui redemanda Ravenne, tout l'Exarchat, et les autres places qui avaient été usurpées sur la république, ou par lui ou par ses prédécesseurs... Le Pape redemanda toutes ces villes et toutes ces provinces comme appartenant au Pontife romain, qui en était le Père spirituel et temporel, qui les protégeait et les gouvernait depuis longtemps; qui avait si souvent exposé sa vie, et répandu tous ses trésors pour leur conservation; qui les avait si souvent retirées d'entre les mains des Lombards; enfin qui s'en trouvait le seul gou-

Fulrade pensa que, vu les dispositions de Didier, le parti le plus sage était de s'entendre avec lui. Le Pape ayant goûté cet avis, fit partir Fulrade pour la Toscane en qualité et avec les pouvoirs de nonce du Saint-Siège. Comme Didier avait paru sincère dans ses promesses, le nonce revint à Rome et informa le Pape du résultat de ses démarches. Étienne III, persuadé que par cet accommodement on éviterait une nouvelle et longue guerre, député de nouveau Fulrade vers Didier et mit à sa disposition les troupes françaises restées en Italie. De son côté, le moine Rachis rentra dans son couvent, et Didier fut reconnu roi des Lombards sans coup férir. Ce résultat en

verneur, depuis que les empereurs d'Orient en avaient absolument abandonné la défense au milieu de tant d'ennemis.

„Ainsi ce n'était qu'une restitution que ce Pape demandait aux Lombards, et à laquelle il les força; quand il fut soutenu de la faveur du roi Pépin et des armes françaises. Pépin lui jura à Pontyon de lui faire rendre l'Exarchat, et tout ce qui avait appartenu à la république romaine.... Le Pape demandait que cette restitution se fît sans effusion de sang. Mais c'est à l'Église et à la république romaine que cette restitution se devait faire, parce que ni les exarques ni aucun autre général des armées impériales ne paraissant plus dans l'Italie pour sa défense, les Romains ayant le Pape à leur tête, et composant ce qu'on pouvait appeler l'Église et la république, commencèrent à recueillir les débris de ce naufrage, et à poursuivre la restitution de tout ce qui avait été usurpé par les Lombards." THOMASSIN, *Ancienne et nouvelle Discipline de l'Église.* III Part., liv. 1, c. 29.

C'est démontrer clairement qu'il s'agissait dans cet événement d'une restitution en même temps que d'une donation, attendu que ces provinces appartenaient à Pépin par droit de conquête.

grande partie était dû à Fulrade, qui dans cette circonstance s'acquit de nouveaux titres à la reconnaissance publique.

L'abbé de Saint-Denys, croyant sa mission terminée, avait hâte de retourner dans son couvent. Le Pape eut de la peine à s'en séparer : il lui donna pour Pépin des lettres, dans lesquelles il faisait le plus grand éloge des rares qualités de son ambassadeur. Dans cette même lettre, le Pape dit au roi : „Astolphe a été frappé par la main de Dieu, et Didier a été établi roi des Lombards par la Providence, par la protection du prince des Apôtres, par la force de votre bras, et par la prudence de notre cher fils Fulrade. Didier a promis avec serment qu'il restituerait à Saint-Pierre, Faënza, Imola, Ferrare et leurs territoires, ainsi que Osimo, Ancône et leurs dépendances." Le Pape priait ensuite Pépin d'accorder la paix à Didier, puis il ajouta : „Nous prions instamment votre éminente bonté d'agir de telle sorte du côté des Grecs, par l'inspiration divine, que la foi catholique soit à jamais conservée inviolable, que la sainte Église soit à jamais délivrée de leur pestilente malice... Instruisez-nous de la manière dont vous avez parlé à l'ambassadeur de Constantinople, et envoyez-nous copie des lettres que vous lui avez données, afin que nous puissions agir de concert comme nous sommes convenus avec Fulrade."[1] Cette lettre nous fait connaître le rôle important que l'abbé de Saint-Denys remplissait pour

---

[1] LABBE, tom. VI, p. 1612.

la défense du Saint-Siège. Le Pontife romain, en reconnaissance des services que Fulrade venait de rendre à l'Église, lui adressa une lettre pleine d'affection, avec la charte[1] qui lui faisait don d'un hospice situé près de l'église de Saint-Pierre, à Rome, et d'une maison avec jardin, mettant pour condition, qu'après la mort de Fulrade, l'église de Saint-Pierre rentrerait dans ses droits. Cette donation fut confirmée plus tard dans une bulle par Adrien Ier.[2]

Pendant le séjour du Pape en France, Pépin avait admiré le chant romain ; il demanda que les chantres du Pape donnassent des leçons à ceux de France. Le plus habile parmi eux, du nom de Siméon, ouvrit une école de chant qui bientôt devint célèbre. L'archevêque de Rouen y envoya des moines de son diocèse, et quand le maître Siméon rentra à Rome, ces moines le suivirent pour se perfectionner : Pépin les recommanda au Pape. Nous verrons plus tard l'intérêt que Charlemagne portait au chant de l'Église. Pépin et Charlemagne, illustres à tant de titres, pensaient ne rien sacrifier de la dignité royale en s'occupant de la décence de l'office divin. En donnant à leurs peuples l'exemple du respect envers Dieu, ils se faisaient aimer et respecter de leurs sujets. Depuis que ceux qui gouvernent, refusent à Dieu ce qu'ils lui doivent, il arrive, par un juste jugement de Dieu, que le peuple leur refuse le respect et la soumission qui leur sont dus.

[1] D. Félib., pièces justif. N° 40.
[2] Ibid. N° 50.

Mais rien ne prouve mieux les sentiments d'estime et d'affection du Pape pour l'abbé de Saint-Denys, que les privilèges extraordinaires dont il le gratifia, et qui sont énumérés dans trois bulles, citées par Félibien.[1]

Dans ces documents, le Saint-Père parle à Fulrade dans les termes les plus tendres et les plus honorables, l'appelant son très cher fils, l'homme aimé de Dieu (*Deo amabilis*); puis il lui accorde, ainsi qu'à ses successeurs, la permission de fonder autant de monastères qu'il leur plaira sous la protection du Saint-Siège, et de porter toutes leurs causes au tribunal du Pape. C'était la confirmation du privilège d'exemption, donné à l'abbaye sous Clovis II. Un privilège personnel à Fulrade, fut celui de paraître en public avec certains insignes réservés aux grands seigneurs seulement, et de faire porter la dalmatique à six et même à onze diacres, selon le degré de solennité quand l'abbé officierait. Le Pape Adrien 1er, qui succéda à Étienne, confirma tous ces privilèges (757).

CHAPITRE X.

Fulrade fonde deux prieurés en Alsace : l'un à Lièpvre, l'autre à Saint-Hippolyte.

Le privilège dont saint Fulrade usa le plus largement fut celui de fonder des monastères. Comme il gardait toujours un grand attachement à l'Alsace,

---

[1] Félib., pièces justif. Nos 37, 38, 39.

sa terre natale, il commença par établir un prieuré au lieu même où il vint au monde, nommé Andaldovillare. Il donna à ce prieuré le corps de saint Hippolyte, qu'il avait reçu du Pape Paul Ier (763). Les pèlerins qui vinrent en grand nombre honorer les reliques du glorieux martyr, oublièrent bientôt le nom d'Andaldovillare, et donnèrent au monastère et à la ville qui se formait autour du couvent, le nom de Saint-Hippolyte (Sanct-Pilt) que l'endroit conserva jusqu'à ce jour. Cependant le corps du saint martyr ne resta pas longtemps en ce lieu. Une charte de Charles-le-Chauve[1] nous apprend qu'il fut donné en 862 à l'abbaye de Saint-Denys, où il fut déposé sous l'autel érigé en son honneur. En 1236, ces précieuses reliques furent transportées avec grande solennité dans la chapelle spécialement dédiée à ce saint. Pour consoler les pèlerins d'Alsace, on avait laissé une relique insigne du glorieux martyr au monastère, fondé par Fulrade. Cette relique a pu être sauvée au milieu des troubles par lesquels la ville a passé. Elle se trouve encore dans une châsse derrière le maître-autel de l'église paroissiale.

Le monastère de Saint-Hippolyte ne fut pas le seul que saint Fulrade fonda en Alsace. La vallée de Lièpvre que dominent les hautes montagnes des Vosges, n'était au huitième siècle qu'une triste solitude, où le voyageur n'entendait que le cri de quelques oiseaux sauvages et le murmure du torrent qui

---

[1] FÉLIB., pièces justif. N° 93.

la traverse dans toute sa longueur. C'était une de ces solitudes comme les fils de saint Benoît les affectionnaient, où l'âme recueillie s'élève plus facilement à la contemplation des choses du ciel. C'est dans ce lieu solitaire que Fulrade construisit son second monastère, auquel il céda les terres considérables qu'il avait reçues des seigneurs Widon et Chrodhard. Autour du monastère s'élevèrent bientôt des habitations, et c'est ainsi que se forma la petite ville de Lièpvre (en allemand : Leberau), qui s'appelait d'abord Fulradovillare, du nom de son fondateur. Saint Fulrade fit don à ce monastère du corps de saint Alexandre, qu'il avait également obtenu du Pape Paul Ier.[1]

Dom Félibien nous raconte comment saint Fulrade a obtenu ces précieuses reliques. „L'an 763 Fulrade pria le roi Pépin de lui permettre de faire un voyage à Rome, afin d'obtenir les reliques de quelques saints dont il souhaitait enrichir ses monastères. Il ne fut pas le seul qui fit ce voyage avec la même intention. Sur la nouvelle qui s'était répandue que le **Pape Paul Ier** venait de lever sur les cimetières d'autour de Rome un grand nombre de corps saints, beaucoup de personnes y abordèrent de tous les points, dans l'espoir d'avoir quelque part à

---

[1] Outre ces terres données à Fulrade, il y en avait d'autres que le seigneur Chrodhard lui vendit en 765, *in ducatu alamannorum, in pago Brisagaviensi*, comme l'atteste une charte datée de Marley (Marlenheim) *XVI Kal. Aug. an. XIII regni gloriosissimi Pippini*. Toutes ces possessions furent confirmées par Charlemagne et même par Henri Ier en 1056. (D. Félibien, p. just. N° 85).

ce précieux trésor. L'abbé Fulrade espérait d'autant plus d'être gratifié des premiers, qu'il connaissait plus particulièrement le Pape, avec qui il avait été envoyé en Toscane, sous le pontificat d'Étienne III. Sitôt qu'il eut obtenu son congé, il partit avec un de ses plus proches parents. C'était un homme extrêmement riche, sans enfants, et qui songeait à quelle bonne œuvre il emploierait ses biens. L'abbé Fulrade, lui ayant obtenu le corps de saint Guy, martyr, il fit bâtir de ses propres fonds une église en son honneur, où les reliques du saint reposèrent jusqu'en 836; alors elles furent transférées par l'abbé Hilduin dans la nouvelle église de Corbie en Saxe. Quant à l'abbé Fulrade, il rapporta de Rome les corps de saint Alexandre et de saint Hippolyte; il mit l'un dans son monastère de Léberau (Lièpvre) et l'autre dans celui de Saint-Hippolyte ou Sanct-Bilt. Un troisième monastère, appelé d'abord la Celle de Fulrade, prit le nom de Saint-Cucuphas, après que les reliques de ce martyr, dont Prudence parle dans ses poésies, y eurent été transférées de Barcelone. Fulrade, après avoir fondé ces deux monastères, et quelques autres en Alsace et en Allemagne, les soumit tous à l'abbaye de Saint-Denys, où l'on transféra aussi dans la suite les reliques de saint Hippolyte et de saint Cucuphas (835).[1] "

L'ancienne église du prieuré de Saint-Alexandre fut détruite au milieu du dernier siècle; on y voyait autrefois de beaux vitraux peints, où étaient

---

[1] D. Félibien, p. 53.

reproduits les portraits de saint Fulrade et de Charlemagne.

Dans sa chronique de Senones, Richer parle aussi d'un pavé de marbre en mosaïque, fort remarquable, dû à la générosité de Charlemagne. On conserve encore dans l'église paroissiale le baptistère du couvent.

Il n'y a pas longtemps, on y voyait la châsse qui, d'après la tradition, contenait les reliques de saint Alexandre. Serait-il vrai que des mains téméraires aient retiré ces reliques, sous prétexte que leur authentique s'était perdue, et qu'on les ait enfouies sans examen dans le cimetière commun? La châsse en bois qui avait renfermé ces ossements, aurait été également détruite.

Les deux fondations de Saint-Hippolyte et de Saint-Alexandre ont beaucoup souffert, par suite des guerres qui ravageaient le pays. La petite ville de Saint-Hippolyte et son monastère ont été incendiés en 1286 par Anselme, comte de Ribeaupierre, alors en guerre avec Rodolphe de Habsbourg. La ville eut le même sort en 1326, où elle fut rasée par Léopold, duc d'Autriche, parce que Louis d'Œttingen, landgrave de la Basse-Alsace et seigneur de Saint-Hippolyte, s'était révolté contre lui, et s'était déclaré pour Louis de Bavière, son rival. En 1444, la ville de Lièpvre reçut les Armagnacs, après s'être défendue contre eux avec beaucoup de vigueur; mais bientôt après la localité fut incendiée et perdit même sa qualité de ville. C'est à la faveur de ces guerres, et en vertu de l'avouerie, que les ducs de Lorraine se sont emparés des domaines qui appartenaient au prieuré de Lièpvre et de Saint-Hippolyte. Jusque-là le culte de saint Fulrade avait été en honneur. Le rôle considérable que les avoués des abbayes ont joué au Moyen-Age, mérite que nous leur consacrions un chapitre spécial.

CHAPITRE XI.

Les Prieurés de Lièpvre et de Saint-Hippolyte ruinés par leurs avoués, les ducs de Lorraine. — L'Avouerie. — Ce que c'était.

Les abbayes, pour assurer leurs propriétés contre l'usurpation et d'injustes empiètements, se plaçaient sous le patronage de quelque riche seigneur du voisinage, qui prenait le titre d'avoué. Les droits et les devoirs réciproques des abbayes et de leurs avoués furent établis par des chartes et des ordonnances de Charlemagne.

Les avoués s'engageaient à défendre les droits, les privilèges et les propriétés des monastères; en retour, des distinctions honorifiques, des droits et certains revenus étaient attachés à ces fonctions.

A l'époque où les Normands étendirent leurs ravages jusqu'aux environs de Paris, les religieux de Saint-Denys réclamèrent la protection des rois qui les avaient toujours si énergiquement soutenus. Mais ces princes eux-mêmes avaient assez de peine à défendre leurs propres terres, et les Barbares ravageaient à la fois plusieurs points du royaume. Bien des fois déjà fugitifs, les enfants de saint

Benoît avaient erré de ville en ville, cherchant quelque asile écarté, qui pût abriter leur trésor et protéger leurs reliquaires. Le roi commit donc leur défense aux comtes de Pontoise et de la partie du Vexin qui, n'étant point comprise dans la Neustrie, dépendait de ce qui constituait alors le royaume de France; et désormais ces comtes furent en première ligne les avoués ou porte-enseigne de saint Denys. C'était dans le Vexin du reste qu'étaient situées les propriétés de l'abbaye les plus importantes et en même temps les plus menacées. La réunion du Vexin, en 1126, fit passer cette avouerie entre les mains des rois de France. Aussi lit-on qu'un peu plus tard Louis VI se transporta au monastère, prit place au chapitre et se reconnut feudataire de l'abbaye comme seigneur de ce comté.

Outre les avoués des abbayes importantes, il y avait aussi des vidames ou régisseurs des domaines monastiques, tantôt indépendants des avoués, tantôt réunissant les deux charges. Ces charges devinrent héréditaires avec le temps. Bientôt aussi les avoués et les vidames, cessant de se contenter de leurs droits et de leurs revenus légitimes, usurpèrent les possessions qu'ils auraient dû sauvegarder, ou étendirent leurs domaines personnels jusqu'au sein des propriétés confiées à leur loyauté. Le titre dont ils étaient investis n'eut alors d'autre effet à leurs yeux que de leur conférer une dotation, ainsi qu'une autorité dont ils comptaient abuser en toute occasion. Les abbayes n'eurent pas de plus redoutables fléaux : des luttes interminables s'engagèrent de tous les côtés entre elles et leurs avoués.

L'abbaye de Saint-Denys eut à soutenir en ce genre des débats, qui existaient déjà au commencement du douzième siècle. Ses avoués pour la plupart jouissaient de richesses considérables. Ils faisaient partie de la maison de l'abbaye : dans les occasions d'apparat, ils se joignaient à son cortège et s'y montraient au premier rang. Un diplôme, daté de l'an VIII du règne de Charlemagne, ordonnait au duc de Lorraine, avoué de Saint-Denys, pour tous les domaines appartenant aux monastères, fondés par Fulrade en Alsace, de les protéger contre toute vexation et tout empiétement injuste. Ce prince devait intervenir soit par jugement, soit par main armée, dans tous les cas d'usurpation qui pouvaient menacer ces biens, et se faire aider au besoin par un auxiliaire de son choix, pourvu qu'il fût d'extraction noble. Mais aussi dans les occasions où il suffisait au duc de Lorraine de citer l'agresseur à sa haute Cour, et d'user du seul prononcé de son jugement, il pouvait s'adjuger le tiers des droits de justice qui en revenaient à l'abbaye et qu'on appelait les *épices*, les deux autres tiers restant au prévôt nommé et envoyé par l'abbé. Le même diplôme donnait en outre à l'avoué quatre-vingt-dix arpents de terre sur les riches propriétés confiées à sa protection.

A raison de son avouerie, le duc de Lorraine était tenu de se rendre trois fois l'année au domicile du prévôt de Lebraha (Lièpvre), le principal et le plus opulent des domaines de l'abbaye en Lorraine. Son escorte, dans ces visites, devait se borner à douze hommes et treize chevaux, et les jours de ces trois visites étaient fixés : 1º à la fête de saint Hilaire; 2º après celle de saint Martin; 3º à un jour indéterminé, dans le courant du mois de mai, qu'il pouvait désigner à son choix. Dans ces occurrences le prévôt avait le droit de s'asseoir à la table de ce seigneur, et de le traiter d'égal à égal. On était tenu de lui faire servir, dans ses deux premières visites, du pain à concurrence d'un muid de froment, une laie fraîche de choix[1] et une mesure de vin; et dans sa visite du mois de mai, une même quantité de pain et et de vin avec un agneau de deux ans. La table de ces deux dignitaires pouvait se couvrir d'autres mets, surabonder de bonne chère, et rien n'empêchait les frais de la réception d'être immodérés et splendides; seulement dans ce cas, un tiers en était à la charge du visiteur, et les deux autres à la charge du visité; l'hospitalité monastique était en tout large et libérale. Les obligations du prévôt s'étendaient aussi en partie aux palefrois du noble duc: il devait fournir à trois d'entre eux leur provende, fixée à deux muids d'avoine pour chaque animal.[2]

Rappelons ici en passant que, malgré la charte qui déterminait ces devoirs, l'un d'entre les ducs de Lorraine, Charles Ier, ne se montra ni plus désintéressé ni plus loyal que les autres avoués.

---

[1] *Frescenza admodum laudabilis.* D. DOUBLET, *Antiq.*, p. 724.

[2] DOM DOUBLET, *Antiq.*, p. 724.

Semblable à ces tuteurs avides, dont les trésors de leurs pupilles éveillent la cupidité, sa fidélité ne tint pas contre les richesses du Val-de-Lièpvre. Il usurpa ce domaine en 1404. En vain le roi de France, Charles VI, lui adressa-t-il réclamations sur réclamations ; en vain l'abbaye lui députa-t-elle Dom Legendre, son infirmier, avec quelques autres religieux, habiles à la discussion et sachant manier la parole : le duc de Lorraine ajourna, traîna en longueur, fit valoir la prescription, et finit par décliner tout arbitrage. Il répondit en ces termes :

„Vrayement, je ne me soubsmettroy à aultre juge ne à personne quelconque, fors la justice de mon pays de Lorraine." Il ne rendit pas la vallée.[1]

L'abbaye ne consentit jamais à cette spoliation et ne cessa de protester, autant qu'il était dans son pouvoir, pour prévenir la prescription et maintenir ses droits intacts. Encore en 1625, le prieur de Saint-Hippolyte du Val-de-Lièpvre et celui de Saint-Alexandre de Lebraha étaient appelés tous les ans, à haute voix, en plein chapitre, avec tous les autres prieurs présents ou absents des domaines de l'abbaye, le lendemain de la fête de la dédicace de la basilique.

[1] D. DOUBLET, *Antiq.*, p. 1058.

CHAPITRE XII.

Saint Fulrade accompagne Pépin à l'assemblée d'Attigny-sur-Aisne, présidée par saint Chrodegang. — Mort chrétienne de ce roi. — Ses grandes qualités.

La théorie révolutionnaire de la séparation de l'Église et de l'État n'entrait pas dans la politique des rois du Moyen-Age. Ils étaient convaincus que le bonheur des peuples dépendait de l'harmonie entre les deux pouvoirs, civil et ecclésiastique ; que l'État n'était fort qu'autant que ses lois recevaient la sanction divine ; et que l'Église, pour ne pas être arrêtée dans sa sainte mission de sauver les âmes, avait besoin d'être protégée et défendue par ceux qui tiennent le glaive ; que les deux pouvoirs émanant de Dieu, et ayant le même but, c'est-à-dire le bonheur de la société, accomplissent de grandes choses, à condition de se prêter un mutuel appui. Le génie de Pépin avait compris la nécessité de cette union, et il voulut que l'Église eût voix délibérative dans les assemblées publiques, où les évêques et les abbés siégeaient à côté des grands seigneurs du royaume.

Cette entente entre l'État et l'Église eut les plus heureux résultats : beaucoup d'abus furent réformés, la discipline ecclésiastique fut rétablie, et l'autorité légitime fut mieux respectée.

Saint Fulrade prit part à l'assemblée générale de la nation française, que Pépin fit tenir à Attigny-sur-Aisne, l'an 765, dans le diocèse de Reims. Elle était présidée par saint Chrodegang de Metz.[1] On y comptait vingt sept évêques, tant en exercice que retirés dans des monastères.

Parmi les évêques, celui de Strasbourg, Heddo, occupait un des premiers rangs; et parmi les dix-sept abbés présents, saint Fulrade siégeait et signait le premier. Il reçut, à cette occasion, de la noblesse française, les témoignages les plus empressés de haute estime. Avant de se séparer, les évêques et les abbés se firent mutuellement la promesse que lorsque l'un d'entre eux viendrait à mourir, les survivants diraient un certain nombre de messes pour le repos de son âme.

Pépin se montra toujours très généreux envers l'abbaye de Saint Denys. Saint Fulrade venait de recevoir du seigneur Widon, son bienfaiteur, quelques nouvelles terres situées en Alsace, lorsqu'il

---

[1] Saint Chrodegang est célèbre par la réforme qu'il introduisit dans la vie canoniale : elle fut généralement adoptée par les chanoines, comme celle de saint Benoît le fut par les moines. Pour astreindre les clercs de la ville épiscopale à plus de régularité, il établit parmi eux la vie de communauté, comme saint Augustin avait fait à Hippone ; de là le nom de clercs réguliers ou canoniques. La règle de saint Chrodegang est tirée presque tout entière de celle de saint Benoît, en tenant cependant compte de la différence des obligations. Ainsi les chanoines de saint Chrodegang n'étaient pas tenus à observer la pauvreté absolue; en donnant leurs biens à l'Église, ils pouvaient s'en réserver l'usufruit. Ceux qui étaient prêtres pouvaient disposer des aumônes qu'ils recevaient pour des messes. C'est un premier exemple des rétributions pour fonctions ecclésiastiques. Quant à la clôture, ils avaient la faculté de sortir le jour; mais à l'entrée de la nuit tous devaient être de retour pour chanter complies. Il y avait des règles pour la nourriture, les vêtements ; il y avait des peines établies pour certaines fautes.

tomba gravement malade. Se croyant près de la mort, il donna par testament ses domaines au roi, pour que celui-ci en gratifiât les églises à son gré ; mais ayant quelques jours après recouvré la santé, le roi lui rendit ses terres: saint Fulrade fut de nouveau libre d'en disposer.[1] Par deux chartes de l'année 768, Pépin confirma la nouvelle donation du seigneur Widon, ainsi que tous les droits, immunités, privilèges accordés à l'abbaye par les rois ses prédécesseurs, et par quelques seigneurs.[2]

Dans le second de ces diplômes le roi dit que le motif qui le portait ainsi à favoriser l'église de Saint-Denys, était son désir d'y être enterré un jour,[3] et ce jour n'était pas éloigné. Il venait d'achever la conquête de l'Aquitaine lorsqu'il tomba dangereusement malade. Pour bien se préparer à la mort, il se fit d'abord conduire à Tours, au tombeau de saint Martin, et de là au tombeau de saint Denys. Il fit hommage au glorieux patron de Paris des trophées des victoires, qu'il venait de remporter, en les faisant suspendre au maître-autel de la basilique. Puis, afin de prévenir les troubles et les dissensions, il fit le partage de ses Etats entre ses deux fils, Charles et Carloman, dans une assemblée de seigneurs et de prélats, qui se tint à Saint-Denys, le 18 septembre 768. Il assigna l'Austrasie à Carloman, et la Neustrie avec la Bourgogne à Charles, si juste-

---

[1] Félibien, p. justif. Nos 44 et 45.

[2] Ibid. Nos 45 et 46.

[3] Ibid. *Propter locum sepulturæ corporis nostri.*

ment nommé le grand ou Charlemagne. Enfin, après avoir désigné le lieu de sa sépulture, il mourut en roi très chrétien, vers la fin de septembre de la même année, n'étant âgé que de 54 ans, après un règne long et glorieux.

Charles et Carloman, après avoir rendu les derniers devoirs à leur illustre père, allèrent l'un à Noyon, l'autre à Soissons se faire sacrer, le 9 octobre, jour où l'Eglise célèbre la fête de saint Denys, apôtre de la France. Fulrade fut présent au sacre de Carloman avec les autres seigneurs de la cour de ce prince. Il est certain qu'il continua d'exercer dans son palais la charge de grand aumônier, qualité qui lui est donnée dans une charte de Carloman, par laquelle l'abbaye de Saint-Denys est confirmée dans ses droits sur la foire de Saint-Denys, contre les prétentions des comtes de Paris.[1] Pour donner à Fulrade un nouveau témoignage de son estime, Carloman déchargea de tous les impôts les terres que l'abbaye possédait dans son royaume.

Charles ne fut pas moins généreux que son frère envers l'abbaye de Saint-Denys. Il commença par lui donner le monastère de Saint-Déodat[2] (Saint-Dié), situé au delà de la forêt des Vosges, à condition que l'abbé y entretiendrait quinze religieux, ou dix au moins pour le service divin. L'année suivante, un seigneur Grimulfroy et Adalvara sa fille donnèrent à l'abbaye deux terres,

[1] FÉLIBIEN, p. justif. N° 48 an 768.
[2] Ibid., Charte N° 47 an 769.

l'une située dans les environs de Beauvais, l'autre appelée Fontaines, près de Senlis.[1]

Pépin était un sage et vaillant roi, qui n'eut rien de petit que la taille. Par ses grandes qualités, il avait mérité d'être le fondateur d'une dynastie. Convaincu que le Christianisme seul pouvait civiliser les peuples, et qu'une société ne saurait prospérer qu'autant qu'elle est fondée sur les lois divines de l'Évangile, il mit tout son zèle à seconder les ministres de Dieu, pour la propagation de la foi et la réforme des mœurs. Mais sa principale gloire est d'avoir étendu et fortifié le pouvoir temporel du chef de l'Église, de lui avoir créé une position indépendante, en face des rois et des puissants du siècle: cette indépendance était nécessaire pour l'exercice libre de sa mission spirituelle.

Le monument funèbre de Pépin porte cette simple inscription: *Pépin père de Charlemagne.* „Si cette épitaphe est courte, dit le cardinal Baronius, c'est que le seul nom de cet illustre prince renferme un grand éloge."

CHAPITRE XIII.

Charles seul roi. — Assemblée des seigneurs à Corbeni. — Fulrade y assiste. — Intrigues de Didier. — Charles se rend en Italie, soumet les Lombards, et étend les donations de son père.

Charles se vit bientôt seul roi de toute la France, par la mort de Carloman, qui n'avait régné

---

[1] FÉLIBIEN, p. justif. N° 49 an 770.

que quatre ans sur l'Austrasie. Dès que les seigneurs de la cour et les prélats apprirent cette mort, ils vinrent trouver Charles à Corbeni [1] pour lui faire acte de soumission. Fulrade s'y rendit en qualité d'archichapelain et de grand aumônier de la cour. Il est certain qu'il continua d'exercer cette charge sous Charlemagne ; il paraît même que ce prince le retint dans son palais en cette qualité. Adrien Ier, qui ne fut élu Pape qu'après la mort de Carloman, donne également ce titre à l'abbé, dans une lettre à l'archevêque Tilpin, et Charles lui-même dans plusieurs de ses lettres le nomme son maître de chapelle, son archiprêtre. Enfin Fulrade prend ce titre dans son testament de l'an 777.[2]

Le saint abbé avait réussi à délivrer Rome de la tyrannie des Lombards, mais il vit sa grande œuvre de nouveau menacée. Gerberge, veuve de Carloman et fille de Didier, roi des Lombards, vint avec ses deux fils implorer la protection de son père contre Charlemagne. Ce fut dans le temps que le roi était fort absorbé par la guerre contre les Saxons. Didier trouva l'occasion bonne pour jeter la division dans la monarchie française, et pour reprendre les possessions qu'il avait perdues en Italie, par suite des derniers traités. Charlemagne, qui voulait éviter à tout prix de nouvelles guerres, se contenta d'inviter Didier à respecter les traités ; mais celui-ci repoussa l'invitation avec

---

[1] Corbeni ou Corbonac, château voisin de Samoucy, en Laonnais.

[2] Félib., dipl. N° 56.

une fierté qui alla jusqu'à l'insolence. C'est alors que Charles se dirigea vers l'Italie, à la tête des vaillantes troupes qui venaient de soumettre les Saxons. A son approche une vraie panique s'empara des Lombards. Charles les poursuivit, en tua un grand nombre, et poussa Didier jusque dans Pavie. Adalgise, fils du roi lombard, se réfugia dans Vérone avec la veuve et les fils de Carloman. Charles fit à la fois le siège de Pavie et celui de Vérone. Adalgise parvint à s'échapper la nuit, et s'enfuit à Constantinople, laissant la veuve et les enfants de Carloman à la discrétion du vainqueur, qui les renvoya en France.

Le siège de Pavie ayant duré tout l'hiver, Charles se rendit à Rome pour y célébrer la fête de Pâques, qui approchait. Les Romains le reçurent avec enthousiasme comme leur libérateur. Le Pape, entouré des plus hauts dignitaires de l'Église et de tout le clergé de Rome, l'attendit à l'entrée de la basilique de Saint-Pierre. Après l'avoir embrassé, Adrien le conduisit jusqu'à la confession du prince des Apôtres, pendant que le chœur chantait: *Béni soit celui qui vient au nom du Seigneur!* Puis tous deux, le roi et le Pape, se prosternèrent, remerciant Dieu des victoires remportées par l'intercession de saint Pierre.

Voulant donner au Pape une nouvelle preuve de son attachement au Saint-Siège, Charles renouvela la donation de son père, et y ajouta de nouveaux domaines. Il fit dresser par son archichapelain Fulrade et son notaire un acte d'une donation beaucoup plus considérable que la première, par lequel il donnait à l'Église romaine l'île de Corse, Parme et Mantoue, tout l'Exarchat de Ravenne, les provinces de Venise et d'Istrie, avec les duchés de Spolète et de Bénévent. Le roi signa l'acte de donation, et après l'avoir fait signer par les évêques, les abbés, les ducs et les comtes qui l'accompagnaient, il alla le déposer solennellement sur l'autel de saint Pierre et fit serment, avec ses seigneurs, qu'il garantirait au Saint-Siège tout ce que contenait cet acte. Ces donations furent confirmées dans la suite par Louis-le-Débonnaire, en 817; par Otton Ier, en 962; par Henri II, en 1014. Elles furent encore augmentées, en 1102, par la comtesse Mathilde, qui donna au Saint-Siège la Toscane, Mantoue, Reggio, Parme, Plaisance, Ferrare, Modène, Vérone et une partie de l'Ombrie.

C'est à Aix-la-Chapelle que l'empereur Louis confirma par un diplôme toutes les donations, faites au Saint-Siège par ses prédécesseurs. Cet acte fut signé par lui-même, par ses trois fils, et par tous les évêques, abbés et comtes présents. Si, dans ce document, il est question de la ville et du duché de Rome, remarquons qu'il ne s'agit pas d'une nouvelle fondation; car le duché et la ville étaient, bien longtemps avant Pépin et Charlemagne, la propriété des Papes. Déjà sous saint Grégoire-le-Grand, le Saint-Siège avait des patrimoines en Sardaigne et en Sicile. Les paroles qui terminent ce diplôme méritent d'être remarquées : après avoir fait l'énumération de tous les domaines, composant le patrimoine de Saint-Pierre, l'acte dit en s'adressant à saint Pierre : „Toutes ces villes, provinces, cités, bourgs, châteaux, villages et territoires, nous les confirmons à votre église, bienheureux Pierre, et par vous à votre vicaire, notre Père spirituel, le seigneur Pascal, souverain Pontife, le Pape universel, ainsi qu'à ses successeurs, jusqu'à la fin du monde, afin qu'ils les détiennent en leur droit, principauté et souveraineté."

On peut dire que l'âme de cette assemblée fut saint Benoît d'Aniane, suscité de Dieu pour rétablir la régularité monastique, qui n'était plus observée dans un grand nombre de couvents. La sainteté de sa vie donnait à ses paroles une autorité, qui les faisait accepter facilement comme inspirées de Dieu. Il venait d'établir la règle de saint Benoît à l'abbaye de Marmoutier en Alsace, où il avait laissé plusieurs moines de son observance venus d'Aniane, lorsque l'empereur l'appela à Aix-la-Chapelle. Louis mit toute sa confiance en lui pour la réalisation du bien qu'il méditait, de telle sorte qu'il le voulait toujours avoir près de soi, pour le consulter dans toutes les affaires, même celles de l'État. Il le chargea de l'inspection de tous les monastères. C'est dans cette assemblée que saint Benoît d'Aniane travailla avec quelques abbés, aux moyens de faire adopter partout la règle de Saint-Benoît. Plusieurs points furent discutés, concernant la vie monastique.

CHAPITRE XIV.

Les domaines qui constituent le Patrimoine de saint Pierre ont-ils été acquis légitimement? — Les protestations des Pontifes romains contre l'usurpation sont-elles fondées?

On voit par tout ce que nous venons de dire que jamais possessions n'ont été plus légitimement acquises que celles des Pontifes de Rome.

„Les titres de légitime acquisition des États du Pape, dit le savant Philipps, sont mieux fondés que ceux d'aucun prince de la terre. Si l'on parcourt attentivement l'histoire, on est forcé de reconnaître que la souveraineté temporelle des Papes a été utile autant à la société civile qu'à l'Église. Le prince, dont le Pontife romain serait sujet, serait toujours soupçonné d'influencer le Pape dans son gouvernement spirituel. Il est de l'intérêt de toute la chrétienté que le Pape soit prince temporel à l'égal des autres princes, et que dans les guerres qui peuvent surgir entre ces derniers, il puisse garder la neutralité sans embrasser aucun parti. S'il n'est pas sujet d'un gouvernement, il est plus libre de dire la vérité aux puissants de ce monde, et les Papes n'ont pas manqué de le faire. D'ailleurs les États du Pape sont la propriété de tous les catholiques, quelle que soit la nationalité à laquelle ils appartiennent." [1]

C'était de tout temps le sentiment des hommes d'État les plus célèbres. M. Thiers, dans la séance du 22 juillet 1871, répondant à Mgr d'Orléans,

---

[1] Philipp's *Kirchenrecht*. Tom. I, p. 226.

disait „qu'il s'unirait à toutes les nations catholiques pour que l'indépendance du Souverain-Pontife fût défendue non seulement par la France, mais par la catholicité entière." C'était le sentiment de Napoléon 1er, quoique en pratique il fît le contraire. On connaît de lui cette parole : „Le Pape est hors de Paris, c'est bien; il n'est ni à Madrid, ni à Vienne, et c'est pourquoi nous supportons son autorité spirituelle. A Vienne et à Madrid, on est fondé à en dire autant." Il ajoutait que la Papauté était une puissance morale, avec laquelle il convenait de traiter, comme si elle avait à son service une armée de cent mille hommes.[1]

[1] Écoutons aussi Fleury, dont le jugement n'est pas suspect en pareille matière :

„Tant que l'empire romain a subsisté, il renferma dans sa vaste étendue presque toute la chrétienté; mais depuis que l'Europe est divisée entre plusieurs princes indépendants les uns des autres, si le Pape eût été sujet de l'un d'eux, il eût été à craindre que les autres n'eussent en peine à le reconnaître pour père commun, et que les schismes n'eussent été fréquents. On peut donc croire que c'est par un effet particulier de la Providence que le Pape s'est trouvé indépendant, et maître d'un État assez puissant pour n'être pas facilement opprimé par les autres souverains, afin qu'il fût plus libre dans l'exercice de ses fonctions spirituelles, et qu'il pût contenir plus aisément tous les autres évêques dans leur devoir: c'était la pensée d'un grand évêque de notre temps." Ce grand évêque, dont parle Fleury, était sans doute Bossuet, qui dit : „Que le siège apostolique ait reçu la souveraineté de Rome et d'autres pays, pour exercer plus librement et plus sûrement la puissance apostolique par tout l'univers, nous en félicitons non seulement le Saint Siège, mais encore toute l'Église, et nous demandons au ciel de tous nos vœux que cette principauté sacrée demeure de toutes manières sauve et intacte." (BOSSUET, *Défense*. II. sect. 1.)

Les ennemis de l'Église osent accuser les Papes du Moyen-Age de s'être servi de moyens violents pour agrandir leurs États. Rien n'est plus contraire à l'histoire. Cette calomnie se trouve victorieusement réfutée par le comte de Maistre dans son livre du *Pape*.[1] C'est sans effort, avec l'approbation des peuples et par la générosité spontanée des rois chrétiens, que le Patrimoine de Pierre s'est successivement accru. Fulrade, Pépin, Charlemagne, qui ont contribué à l'établir, ont été guidés par une même pensée : celle de créer aux successeurs de Pierre une position qui leur permît d'exercer librement leur divine mission. Nous ajoutons que les Pontifes n'ont fait usage de cette souveraineté que pour protéger les faibles contre les forts, les opprimés contre les oppresseurs. Si les Papes ont souvent protesté contre les usurpateurs, qui les dépouillaient de ce qu'ils possédaient si légitimement, c'est que c'était leur droit, et, plus encore, leur devoir.

Le Patrimoine de saint Pierre étant la propriété de l'Église, les Souverains-Pontifes n'en sont que les gardiens ; ils voudraient l'aliéner, qu'ils ne le pourraient pas, sans devenir complices des usurpateurs ; ils ont donc protesté contre les spoliateurs. Écoutons leurs nobles paroles. Pie IX, de sainte mémoire, a saisi toutes les occasions pour affirmer son droit. Nous nous bornerons aux paroles, qu'il a prononcées au Consistoire du 9 juin 1862 : „La souveraineté

---

[1] Cf. Dom Pitra, *Hist. de saint Léger;* Gfrörer, *Hist. de Grégoire VII*, t. V ; Gosselin, *Pouvoir des Papes au Moyen-Age*, etc. etc.

temporelle du Saint-Siège, qui a été donnée aux Pontifes romains par un dessein particulier de la Providence, est nécessaire, afin que le Pape, n'étant sujet d'aucun prince, ni d'aucun pouvoir civil, exerce dans toute l'Église, avec la plénitude de sa liberté, la suprême autorité dont il a été divinement investi." Le successeur de Pie IX, bien loin de reconnaître le fait accompli, comme on l'espérait, ou de consentir à des accommodements avec les envahisseurs, a fait, le 4 août 1881, devant les cardinaux, cette déclaration solennelle: „Dans l'état actuel des choses, il devient de plus en plus évident que le Pape ne peut rester à Rome que comme prisonnier; mais nous ne cesserons de réclamer nos droits, de combattre les obstacles qui s'opposent à notre liberté, et de demander qu'on rende au pasteur de Rome la position telle que la sagesse divine la lui a faite. Nous la redemandons, non dans des vues d'ambition, mais parce que c'est notre devoir; car le pouvoir temporel est nécessaire pour l'exercice libre du pouvoir spirituel. Au nom du Dieu tout puissant, nous conjurons les rois et les princes de s'entendre pour faire disparaître les grands maux qui pèsent sur l'Église et son chef." Le langage des Pontifes est admirable de clarté et de fermeté: ils déclarent que le pouvoir temporel est *nécessaire* pour le libre exercice du pouvoir spirituel. Malheureusement nos gouvernements jusqu'ici sont restés sourds à ces justes plaintes. Il est vrai que pour calmer les consciences catholiques, on a fait la loi impuissante et hypocrite des garanties. Mais

LIBRE EXERCICE DE L'AUTORITÉ SPIRITUELLE 71

les faits ont suffisamment prouvé que cette loi ne garantit rien : qu'on se rappelle le scandale qui s'est produit le 13 juillet, à l'occasion de la translation du corps de Pie IX, sans que la police jugeât nécessaire de comprimer le désordre et de punir les coupables.

Le véritable but que les ennemis du pouvoir temporel veulent atteindre n'est plus un secret pour personne : ce qu'ils veulent, c'est l'abolition de la Papauté elle-même. Ils ne le disent pas très haut, mais leurs actes le prouvent. D'ailleurs, leur maître, le héros de la révolution, avait du moins le mérite de déclarer sans détour ce que son parti demande ; nous citons textuellement : „Un ennemi terrible existe encore.... le plus redoutable.... le prêtre. Au cœur de l'Italie il y a le chancre, appelé la papauté." Ce qu'il écrit à ses adeptes de Palerme, à l'occasion des fêtes siciliennes, est dans le même sens. Écoutons : „Souviens-toi, ô peuple valeureux, que c'est le Vatican qui a envoyé ses bénédictions aux sbires que tu as si vaillamment chassés en 1282," et dans une lettre aux habitants de Messine : „En rappelant à la Sicile le plus grand héroïsme que l'histoire ait engendré, les Vêpres, je lui dirai seulement que les assassins de vos pères à cette époque furent envoyés par un Pape, et que les successeurs de ce *scélérat infaillible* ont vendu l'Italie soixante-dix-sept fois à l'étranger."

Or, si cet homme a été élevé jusqu'aux nues, c'est parce qu'il était l'âme du parti révolutionnaire en Italie. Les dernières manifestations à l'occasion de sa mort, s'adressèrent moins à sa personne, qu'aux principes qu'il a proclamés toute sa vie.

Si nous sommes entré dans ces considérations sur la nécessité du pouvoir temporel des Papes, nous ne nous sommes pas écarté du plan que nous nous étions tracé d'écrire la vie de saint Fulrade, dont le caractère principal était un attachement inviolable au Saint-Siège.

Charles, après avoir satisfait sa piété à Rome, retourna au camp de Pavie, dont il poussa si vivement le siège, qu'il força Didier à se constituer son prisonnier. La reddition rendit le vainqueur maître de toute la Lombardie : aussi prit-il à partir de ce jour le titre de roi de France et de Lombardie. Cette expédition mit fin à la domination des Lombards, dont les rois, depuis deux siècles, avaient été les ennemis déclarés du Saint-Siège.

Après cet éclatant service rendu à la papauté, Charles rentra en France couvert de gloire. Pendant son séjour en Italie, le roi avait eu sans cesse près de lui son archi-chapelain et grand-aumônier Fulrade. Voulant lui donner un nouveau témoignage de son estime et de son affection, et connaissant aussi son attachement et sa sollicitude pour les deux prieurés d'Alsace, il leur fit don d'une vaste forêt, d'une Marche qui comprenait presque tout le val de Lièpvre. La charte qui constate cette donation, porte la date du XVIII des Kal. d'octobre, l'an VI du règne de Charles, c'est-à-dire du 14 septembre 774. Elle fut délivrée à Duren.[1] On re-

---
[1] Félibien, p. 57. Pièces justif. N° 50.

marquera le ton de piété qui caractérise cette charte, comme toutes celles signées par Pépin et par Charlemagne. Citons : „C'est pour honorer le saint nom de Dieu, pour assurer le salut de son âme, en vue d'une récompense éternelle, et pour faciliter au vénérable abbé Fulrade le moyen de fonder un monastère en Alsace, dans le lieu où repose le corps de saint Hippolyte, que Charles lui fait don de cette grande Marche." Elle n'était alors qu'une vaste forêt (*loca sylvestria*); les religieux devaient la transformer en terres productives et en pâturages.

Ce document nous fait aussi connaître la Marche alsacienne. Schœpflin, qui le cite, t. III, p. 312, dit à la page 314, que „la vaste plaine qui se trouve entre Guémar, Schlestadt, Ohnenheim, Elsenheim, Mussig et Bergheim, s'appelait Marche (en allem. *Mark*). Quelques auteurs y voient l'origine de Guémar et de *Mark*olsheim. L'usage en était encore commun au dix-huitième siècle, entre Ribeauvillé, Guémar, Bergheim, Saint-Hippolyte, Elsenheim, Ohnenheim et Orschwyr (Gemein Mark).

Le roi Charles avait reçu du Pape Adrien le corps de saint Cucuphas, martyrisé à Barcelone :[1] il en fit don à son cher Fulrade, qui, pour honorer ces précieuses reliques, fonda une *celle*[2] non loin de son

---

[1] FÉLIB, p. 53 et *Martyrologes* de *Bède* et de *Barcelone*.

[2] On appelait CELLE un établissement agricole, espèce de ferme, dépendant d'un prieuré. On y envoyait les frères qui avaient commis quelque faute, pour les exercer aux travaux des champs. Telle fut la celle de Saint-Cloud, appartenant à l'abbaye de Saint-Germain-des-Prés. (D'AYZAC, Tom. II, p. 258.)

prieuré de Saint-Alexandre, *Alexandri Cella;* d'où certains auteurs dérivent le nom de Vancelle, un petit hameau situé sur le versant oriental du Chalmont. Cependant le corps du saint martyr ne resta pas toujours en ce lieu : il fut transporté, avec celui de saint Hippolyte, dans la basilique de Saint-Denys, et déposé dans la chapelle construite en son honneur. De cette chapelle un escalier conduisait dans la nef de la basilique. La tradition dit que c'est par ce passage que le roi Robert-le-Pieux se rendait aux offices de nuit, dont il rehaussait la pompe, en remplissant les fonctions de grand-chantre.

CHAPITRE XV.

Saint Fulrade architecte. — Premier essai du style ogival à la basilique de Saint-Denys.

Vers la fin du huitième siècle, l'architecture religieuse prit un grand développement et se perfectionna de plus en plus, jusqu'à ce qu'elle eût atteint son dernier degré de splendeur dans les magnifiques cathédrales du treizième et du quatorzième siècle. C'est encore dans les monastères que les architectes, les ouvriers maçons, tailleurs de pierres et charpentiers étaient formés. La plupart des monuments religieux du Moyen-Age, que nous admirons aujourd'hui, sont l'œuvre d'un moine ou d'un évêque. Dans l'histoire, saint Fulrade est appelé l'architecte de l'église de Saint-Denys. La basilique qui avait été bâtie par Dagobert, ne suffisait plus à la piété de Pépin et de Charlemagne. Elle avait d'ailleurs considérablement souffert pendant l'invasion des Normands. Fulrade dressa les plans d'une nouvelle basilique et en surveilla la construction. Grand ami de l'art, et plein de zèle pour la beauté et la décence de la maison de Dieu, il n'épargna aucune dépense pour rendre ce temple digne de la majesté divine. Il fit venir de Rome les plus habiles ouvriers, peintres, sculpteurs, émailleurs et doreurs, et c'est à leur école que se formèrent les frères convers de Saint-Denys, qui eurent bientôt la renommée d'être les premiers artistes du monde. Fulrade fut un des plus zélés constructeurs d'églises de cette époque, où les Princes multiplièrent les fondations pieuses. Il en bâtit un grand nombre en France et en Allemagne. Chacun des monastères qu'il construisit eut son sanctuaire. Les principaux sont, en Alsace, celui de Salone sous l'invocation de la sainte Vierge, celui de la Celle-Fulrade, celui de Lebraha, nommé plus tard Saint-Alexandre, celui de Fulradovillare, nommé ensuite Saint-Hippolyte (Sanct-Pilt), dans le val de Lièpvre. Toutes ces églises furent soumises à l'abbaye de Saint-Denys.[1]

Parmi les moines architectes, le grand Suger occupe le premier rang. C'est à lui qu'appartient la gloire d'avoir introduit le style ogival dans l'architecture chrétienne. Ce fait est mis hors de doute, et les savants archéologues d'Allemagne sont forcés de l'admettre. Ils conviennent que les

[1] D'Ayzac. Introduction, p. xviii.

premiers essais de l'ogive ont été faits à l'église construite par Suger à Saint-Denys, l'an 1137. Cet illustre abbé présidait à tous les détails, surveillait lui-même l'extraction des pierres, le choix des bois de charpente, la confection des vitraux et des vases sacrés. Sous saint Louis et Philippe-le-Hardi, les abbés Eudes, Clément et Matthieu de Vendôme construisirent la magnifique basilique, qui fait aujourd'hui l'admiration des nombreux visiteurs. Ils ne conservèrent de celle de Suger que la façade, les deux premières travées, et les chapelles de l'abside.

Mertens, dans son livre (*Die Baukunst im Mittel-Alter*. Berlin, p. 53) dit „que la France est le berceau du style ogival, que c'est le génie de l'abbé Suger qui l'inventa". Les archéologues allemands, entre autres Springer (p. 128), et la *Gazette d'architecture de Vienne* sont d'accord sur ce point. De France, le style gothique passa en Angleterre, où on le trouve en 1174 à la cathédrale de Cantorbéry, qui a été construite par l'architecte français Guillaume de Sens. Plus tard le gothique passa en Allemagne, où nous le trouvons au douzième siècle et au commencement du treizième. Nous en avons la preuve dans les basiliques de Bamberg et de Limbourg, où déjà la ligne verticale se fait remarquer. Citons encore la chronique de l'église de Wimpfen *im Thal*, construite en 1278, qui dit clairement que c'est des Français que les Allemands reçurent l'architecture ogivale.

Le savant Kreuser, dans son livre : *Der Christliche Kirchenbau*, t. I, p. 470, fait un grand éloge de l'abbé Suger, qui a tout ordonné pour la construction de son église et en a surveillé tous les détails.

Quant à saint Fulrade, plein d'années, et une fois sorti du tourbillon des affaires, fixé enfin dans l'abbaye, il s'occupa de l'embellissement des églises et particulièrement de la reconstruction de la basilique. En cela, il ne fit que se conformer au désir de Charlemagne, qui, selon Froissart, p. XIX, „commanda, dans tout son royaume, à tous les évesques que toutes les églises et toutes les abbaies, qui étaient déchues par vieillesse, fussent refaites et restaurées." — Le testament de Fulrade est une autre preuve de son goût artistique et de son amour du bien et du beau. Nous y trouvons l'énumération d'un grand nombre d'objets précieux, dont il enrichit son abbaye, entre autres plusieurs manuscrits d'une rare beauté. Nous ne rappellerons qu'un psautier écrit en lettres d'or, de la reine Hildegarde, première femme de Charlemagne.

Quand Fulrade eut achevé la construction et l'embellissement de la deuxième basilique, on en fit la dédicace avec la plus grande solennité, en présence du roi et de toute la cour, le 24 février 775. Il ne reste plus aujourd'hui de cette construction que quelques fragments de colonnes, quelques chapitaux historiés, incorporés dans la construction actuelle, et qu'on voit dans la partie centrale de la crypte. Après la dédicace, Charlemagne ne voulut pas quitter l'abbaye sans y laisser un nouveau gage de sa munificence. Une charte[1] du 25 février 775, suivie de trois autres dans les années 777—780, donnent à l'abbaye de nouveaux domaines, et confirment tous les privilèges et immunités, accordés par ses prédécesseurs. Ces donations ont dû être considérables, à en juger par la demande que l'abbé Fulrade fit au Pape Adrien Ier, de mettre sous la protection immédiate du Saint-Siège les églises et les peuples qui en faisaient partie. Le Pape se rendit à son désir et défendit aux évêques d'exercer aucune juridiction sur le patrimoine de Saint-Denys. Le Pape fit plus : il accorda à la célèbre abbaye les privilèges extraordinaires, dont jouissait le monastère de Saint-Benoît du mont Cassin sur les églises et populations qui en dépendaient.

CHAPITRE XVI.

Miracles au tombeau de saint Denys sous l'administration de saint Fulrade.

Dieu voulut honorer l'administration de son serviteur Fulrade par de nombreux miracles. Un ancien historien [2] qui nous en transmet le souvenir, en énumère jusqu'à onze dont nous rappellerons quelques-uns. Un homme, nommé Othal, était paralytique depuis sa naissance, et depuis trente ans il n'avait pas cessé de prier et de faire des pèlerinages pour obtenir sa guérison, mais sans

---

[1] FÉLIBIEN, p. 57, et pièces justif. N°s 51 et 53.
[2] Cité par LE COINTE, *Annales ecclésiastiques*, an. 768.

être exaucé. Enfin il se fit porter au tombeau de saint Denys et fut guéri. Saint Fulrade, touché de son indigence, le reçut au rang des matriculés de l'Église, lui fit couper les cheveux et lui ouvrit les portes de son monastère. Ces matriculés portaient la tonsure; leur emploi consistait à servir les religieux. Autre miracle: un ouvrier, qui avait la main gravement blessée par l'outil, dont il s'était servi en travaillant un saint jour de dimanche, fut subitement guéri au tombeau de saint Denys, après avoir prié avec confiance, et confessé sa faute. — Un officier de la suite de Pépin, entrant un jour à cheval dans un champ de blé, se vit reprocher sa conduite par un domestique de l'abbaye, qui se trouvait là; irrité, il donna une réponse insolente, mais à peine avait-il fini de parler que son cheval tomba mort, et il perdit lui-même l'usage de ses membres. Pépin, qui avait de l'affection pour cet homme, ayant appris cet accident, donna l'ordre qu'on portât le malheureux à l'église, et qu'on eût recours au saint martyr pour obtenir sa guérison; en même temps le roi, pour expier cette faute, fit don à l'église d'un beau vase d'argent; l'officier ayant demandé pardon, recouvra immédiatement l'usage de ses membres. Le vase offert par le roi fut longtemps gardé dans le trésor de Saint-Denys. Enfin, voici encore un fait qui a tous les caractères d'un miracle, et qu'on doit attribuer au crédit dont saint Fulrade jouissait auprès des saints martyrs. L'abbé dirigeait lui-même les travaux de la reconstruction de la basilique, et ces travaux n'avançaient pas selon son désir. Il ordonna à un ouvrier nommé Airad, d'enlever promptement les échafaudages qui avaient servi à l'achèvement de la tour. L'empressement que cet homme mit à exécuter cet ordre lui devint fatal, et devait lui coûter la vie ; car il tomba du haut de la tour, d'une prodigieuse élévation, sur le pavé. Le bon abbé accourut, se disant la cause de la mort de l'ouvrier ; mais quelles ne furent pas son admiration et sa joie, lorsque cet homme se releva de terre sans la moindre blessure ! Les nombreux témoins du fait ne doutèrent pas un instant que cet homme ne dût son salut à la protection de saint Denys et aux mérites de saint Fulrade.

CHAPITRE XVII.

Mort de saint Fulrade. — Ses éminentes qualités. — Son testament.

Après avoir gouverné l'abbaye de Saint-Denys pendant 34 ans, Fulrade mourut en odeur de sainteté, le 16 juillet de l'an 784, universellement regretté de tous ceux qui l'avaient connu. On ne peut nier qu'il n'ait été un des abbés les plus illustres qui gouvernèrent le monastère. Il a été honoré de l'affection et de l'estime de cinq Papes et de deux rois, dont la France cite les noms avec orgueil. Il comptait parmi ses amis les plus dévoués saint Boniface, l'apôtre de l'Allemagne. Il avait gagné la confiance de Pépin et de Charlemagne à un tel point, que ces deux grands rois eurent recours à ses conseils dans toutes les affaires, qui intéressaient la religion et le bien de la nation; ils l'élevèrent aux plus hautes dignités, car il fut successivement archichapelain du palais, grand aumônier de France, ambassadeur, conseiller intime et décoré du titre de Prince.

Ce qui prouve combien son nom était en bénédiction dans toute l'Église, c'est l'éloge public que les évêques assemblés au Concile de Verberie, l'an 853, lui ont décerné, en l'appelant un *abbé de pieuse et sainte mémoire*. Son plus grand mérite est d'avoir mis son génie et toute son activité au service du Saint-Siège. On pourrait se demander : comment saint Fulrade a-t-il pu concilier ses devoirs de religieux avec ses fréquents séjours à la cour ? Il l'a pu par sa solide vertu, en cherchant, non pas sa propre gloire, mais la gloire de Dieu. Au milieu des grandeurs, il ne se considérait que comme un vil instrument dont Dieu se servait pour accomplir ses desseins. Voici comment les Bollandistes terminent l'histoire de sa vie : „Enfin saint Fulrade, après avoir bien mérité de l'Église, après une vie sainte, monta au ciel, pour y recevoir la récompense de ses travaux. Son corps a été transporté à Lebraha (Lièpvre en Alsace), où il est vénéré le 17 février.[1]"

LE TESTAMENT DE FULRADE est d'une grande importance. Il nous fait connaître la pieuse et noble famille de saint Fulrade, les biens considérables qu'il en avait reçus, et ceux qu'il devait à la pieuse géné-

---

[1] *Acta SS.* Tom. III, pag. 41. (DOUBLET, L. I. *Antiq. S. Dionysii*, c. 28.)

rosité des rois et de plusieurs seigneurs, ainsi que la sainte destination qu'il leur donna.[1] Il a un intérêt particulier pour l'Alsace, en ce qu'il nomme les localités alsaciennes qui appartenaient à l'abbaye de Saint-Denys. Ce testament a été publié la première fois par Mabillon, qui le copia sur l'original trouvé aux archives de l'abbaye de Saint-Denys. Schœpflin en parle souvent.[2] Dom Félibien le reproduit en entier dans son histoire de l'abbaye de Saint-Denys. Comme il est très long, nous nous bornerons à en donner des extraits.

Saint Fulrade commence par dire la grande crainte qu'il éprouve chaque fois qu'il pense à l'heure où il lui faudra quitter cette vie. *Terminum vitæ pertimesco*. Mais il espère que Dieu lui remettra ses péchés, en égard aux larges aumônes qu'il fait au saint lieu où reposent les corps des saints martyrs Denys, Rustique et Éleuthère; pour l'entretien des frères qui y chantent nuit et jour les louanges de Dieu et pour le généreux exercice de l'hospitalité; afin que Dieu, par l'intercession des saints et la prière des pauvres, lui fasse miséricorde, et lui donne une part au bonheur des élus. Saint Fulrade continue: „*Ego Fulradus, indignus sacerdos vocatus*. Moi Fulrade, prêtre indigne, fils de Riculfe et d'Ermengarde, je donne à perpétuité toutes mes propriétés, *dono donatumque esse volo in perpetuum, omnes res proprietatis meæ*, tout ce que j'ai

---

[1] Le texte latin de ce document porte le n° 56 des pièces justificatives de Dom Félibien.

[2] Schœpflin-Ravenez, *l'Alsace illustrée*. Tom. III, p. 346.

reçu de mes parents et de la générosité des Rois, ce que j'ai reçu de mon frère Gausbert." Ici viennent les noms de plusieurs bienfaiteurs, et la désignation de leurs dons. Puis le testament nomme les domaines considérables que saint Fulrade a reçus du seigneur Chrodhard, qui avait de riches possessions, en Alsace, en Mortenavie et dans le Brisgau.[1] Le document cite les domaines que Fulrade a reçus du seigneur Widon : il nomme Andaldovillare,[2] Radbertovillare,[3] Grutsinhaim,[4] Guirmari,[5] Ansulseshaim[6] et Scaférishaim.[7] Toutes ces localités avec leurs dépendances, *cum appendiciis*, et tous les autres biens en divers endroits, tant en Alsace qu'en Mortenavie et dans le Brisgau, *et reliquas res per diversa loca in Alsacia, etc.*, il en fit don à l'abbaye de Saint-Denys. Il proteste qu'il a fait ces largesses pour le salut de son âme, de l'âme de son père Riculfe, de sa mère Ermengarde, de ses frères Gausbert et Boniface, de sa sœur Waldrade, et de toute sa parenté, afin que, par l'intercession de saint Denys et de ses compagnons, ils obtiennent la vie éternelle, *ut mereamur adipisci vitam æternam*. Puis saint Fulrade nomme les monastères qu'il a fondés ou restaurés, savoir : celui de Salone, dont l'église

---

[1] Schœpflin-Ravenez. Tom. III, p. 348.

[2] Saint-Hippolyte.

[3] Rappoltsweiler ou Ribeauvillé. (Ibid. p. 496.)

[4] Grusenheim.

[5] Guémar. (Schœpfl. Tom. III, p. 476.)

[6] Andolsheim. (Ibid. Tom. III, p. 431.)

[7] Schæffersheim. (Ibid. p. 499.)

dédiée à la Sainte-Vierge, possède les corps de saint Privat et de saint Hilaire, confesseurs; celui de Andaldovillare, où se trouvent les reliques de saint Hippolyte, *ubi sanctus Yppolytus requiescit;* un troisième dans les Vosges, où saint Cucuphas repose; un quatrième à Areberting, où l'on vénère les reliques de saint Véran; un cinquième appelé Adalongus-Cella, où se trouvent les reliques de saint Georges; un sixième où sont celles de saint Vital; un septième appelé de saint Alexandre, dans la vallée de Lebraha (Lièpvre). Saint Fulrade déclare enfin qu'il place, sous la dépendance de l'abbaye de saint Denys, tous ces monastères avec leurs habitations, leurs champs, prés, forêts, pâturages, cours d'eaux, vignes et troupeaux, etc. etc. *Totum et integrum a die præsente ad partes sancti Dionysii delegavi.*

Le testament a été rédigé et signé à Héristal, la neuvième et quatorzième année[1] du glorieux règne de Charles, roi des Francs, des Lombards et patricien de Rome.

Suivent les signatures au nombre de 18.

Ego Folradus capelanus etc. etc.

On lit dans Schœpflin-Ravenez, Tom. III. p. 460:

„Fulrade, seigneur alsacien, puis abbé de Saint-Denys qui exerça une grande influence à la cour de Pépin-le-Bref et de Charlemagne, eut deux frères Gausbert et Boniface. Il est vraisemblable que ce dernier a donné son nom à la ville de Bonifacii-Villare, qui se trouve dans la vallée

---

[1] *Nono et quarto decimo anno.*

de Saint-Grégoire. Le nom de Boniface a été oublié et celui de villare (Wihr au val) est resté."

CHAPITRE XVIII.

Charlemagne. — Sa politique basée sur la religion. — Son zèle pour la défense des droits du Saint-Siège.

Charlemagne était né pour régner. La nature lui avait prodigué tous ses dons. D'une taille beaucoup au-dessus de la moyenne, d'un port majestueux, il subjuguait de son regard tous ceux qui l'approchaient. Doué d'un sens droit, il avait ce coup d'œil juste qui sait apprécier promptement les hommes et les choses, prendre un parti, et l'exécuter avec une fermeté de volonté, qui ne reculait devant aucun obstacle. Il devint seul souverain d'un vaste empire, à une époque fréquemment troublée par l'invasion des nations barbares du Nord, encore adonnées au culte des idoles. Le relâchement s'était glissé parmi le clergé séculier et dans un grand nombre de monastères; le peuple vivait dans l'ignorance, principale cause de la dépravation des mœurs. En prince chrétien, Charles comprit que l'unique moyen de civiliser les peuples barbares, c'était de les soumettre aux douces lois de l'Evangile; que pour faire cesser les abus et pour régénérer la société, il était avant tout nécessaire de donner aux populations des évêques, des pasteurs zélés et pieux; enfin de propager l'instruction en multipliant les écoles. „Sa politique, dit un savant diplomate, pouvait se résumer dans ces paroles du Christ : *Cherchez avant tout le royaume des cieux, et le reste vous sera donné par surcroît.*"[1] Le reste, c'est-à-dire ce qui constitue chez une nation le bien-être matériel et social. Cette politique a été celle de tous les princes vraiment chrétiens, et l'histoire a prouvé que sous leur règne les peuples furent heureux. C'était la politique d'Othon-le-Grand, de Henri II et de saint Louis. La politique de ce dernier peut se résumer dans les admirables paroles qu'il adressa, sur son lit de mort, à son fils Philippe-le-Hardi. En tenant la main de son fils serrée dans la sienne, il lui dit : „Aime Dieu de tout ton cœur, sois doux et compatissant envers les pauvres, soulage les autant que tu le pourras, ne mets sur ton peuple de tailles et de subsides que les moins onéreux qu'il te sera possible. Recherche la compagnie des prudents, fuis les mauvais. Ne souffre pas que quelqu'un dise en ta présence des paroles de médisance ou d'impiété; fais justice à toi et à d'autres; tiens ta promesse; si tu as le bien d'autrui, rends-le promptement; conserve la paix, mais si tu es forcé de faire la guerre, ménage le malheureux peuple; aime-le. Mon cher fils, veille sur les juges, informe-toi souvent de la manière dont ils rendent la justice." Il finit en lui recommandant de faire prier pour lui dans tout le royaume. Puis il ajouta : „Je te donne telle bénédiction

---

[1] Matth. VI, 33.

que jamais père peut donner à son fils, priant Dieu de te garder de tous les maux, et principalement de mourir en péché mortel."[1]

Les principes qui guidaient Charlemagne comme législateur sont clairement exprimés dans ses capitulaires qui ont tous pour objet: l'observation des commandements de Dieu et de l'Église, la discipline ecclésiastique, l'obéissance aux évêques, la réforme des abus, des mœurs, etc. etc.

Il s'offrit bientôt une nouvelle occasion à Charlemagne de prouver son attachement au Saint-Siège. Le Pape Adrien étant mort, son successeur fut Léon III, qui avait obtenu immédiatement tous les suffrages, car il était généralement estimé et aimé pour ses éminentes qualités. Ce qui n'empêcha pas deux malheureux prêtres de soudoyer une bande de scélérats, qui parvinrent à se saisir du Pontife et poussèrent la cruauté jusqu'à lui crever les yeux et couper la langue, en l'accusant des crimes les plus atroces. Mais Dieu voulut prouver l'innocence du Pape par un éclatant miracle. En effet, il recouvra presque aussitôt l'usage de la vue et de la parole. Ce fait prodigieux est constaté par plusieurs auteurs contemporains, entre autres par le célèbre Alcuin. Léon III ne tarda pas d'informer Charlemagne des dangers qu'il avait courus, et prit le parti d'aller trouver le roi à Paderborn, pour implorer sa protection. Le monarque reçut le pontife avec toutes les marques de respect, dues au vicaire de Jésus-Christ. En présence de toute

---

[1] *Histoire de France*, par ANQUETIL. Tom. 1er, p. 417.

l'armée et des seigneurs de la cour, le roi et le Pape s'embrassèrent, et se promirent l'un à l'autre une constante amitié.

CHAPITRE XIX.

Charles à Rome. — Son couronnement comme empereur. — Ses Capitulaires. — Son abdication. — Sa mort.

L'année suivante le roi reprit le chemin de Rome. Quand il parut dans la cité sainte, les acclamations et les cris de joie ne cessèrent qu'au moment où il descendit de cheval pour entrer à Saint-Pierre. Le Pape, entouré de son clergé, le reçut sur les degrés de la basilique, et l'introduisit dans le sanctuaire. Quelques jours après, Charlemagne convoqua une assemblée d'évêques, moins pour juger la cause du pape, dont l'innocence ne laissait aucun doute, que pour savoir quelle peine devait être infligée aux auteurs des désordres. L'assemblée conclut qu'ils avaient mérité la mort; mais ils durent à la clémence du Pontife, que cette peine fût commuée en celle de l'exil.

Il se passa alors un évènement qui ajouta un nouveau prestige à la gloire de Charles. S'étant rendu à l'église de Saint-Pierre le jour de Noël, pour assister à l'office, qui ce jour se célébrait avec une pompe extraordinaire, le prince faisait ses prières quand le Pape, suivi des évêques et des seigneurs romains, s'approcha de lui, mit le manteau de pourpre sur ses épaules, et sur sa tête une couronne d'or toute étincelante de diamants, puis le proclama empereur d'Occident, aux applaudissements de l'immense assistance, répétant jusqu'à trois fois : *Vie et victoire à Charles, à l'Auguste, au grand et pacifique empereur des Romains, couronné de la main de Dieu.*

C'est à son retour d'Italie que Charlemagne publia plusieurs ordonnances concernant l'Église et l'État. Pour se faire renseigner sur la situation exacte de l'empire, il envoyait, quatre fois l'an, dans chaque province deux Commissaires *(Missi dominici)*, chargés de prendre des informations et de lui faire un rapport. C'est sur ces rapports, que furent dressés ensuite, dans les assemblées des seigneurs et des évêques, ces règlements appelés capitulaires, qui dictaient à tous les États leurs droits respectifs. Pour rendre ces lois plus efficaces, l'empereur mettait une grande solennité à les publier, et les évêques en les sanctionnant leur imprimaient un caractère sacré.

Jusqu'à sa mort, Charlemagne veillait avec soin à l'exécution de ces lois. Encore, la dernière année de sa vie (813), eurent lieu cinq conciles, où furent réglés plusieurs points de discipline ecclésiastique. Enfin, se trouvant affaibli par la maladie, il appela près de lui son fils Louis ; puis ayant convoqué une assemblée d'évêques et de seigneurs de l'empire, il leur demanda s'ils voulaient reconnaître son fils Louis pour empereur et lui obéir. Tous l'ayant promis, on fixa le jour du couronnement. La cérémonie eut lieu le dimanche 16 novembre. Charles parut à l'église dans tout l'éclat de la majesté impériale, et après avoir déposé la couronne sur l'autel, il s'adressa à son fils, qu'il exhorta devant tout le peuple à craindre Dieu, à observer les commandements, à protéger l'Église et à aimer son peuple. „Et maintenant, continua l'empereur, en parlant toujours à son fils: Voulez-vous faire cela?" Louis ayant répondu d'une voix émue qu'il le ferait, l'empereur lui dit de prendre la couronne impériale et d'en ceindre son front. L'émotion fut générale en ce moment; toutes les personnes présentes versaient des larmes.

Deux mois après cette scène touchante, Charlemagne sentant sa fin approcher, reçut en grande piété les derniers sacrements, et s'endormit tranquillement, après avoir prononcé ces paroles du psalmiste: „Seigneur, je remets mon âme entre vos mains."

Telle fut la fin chrétienne de ce prince. S'il y a des ombres dans sa vie, nous n'avons pas voulu les rappeler ici, car elles s'effacent devant ses éminentes qualités, et devant les œuvres qui lui ont mérité le nom de grand. Les peuples barbares repoussés des frontières, les Saxons subjugués et convertis au christianisme, les factions éteintes, la discipline ecclésiastique restaurée, l'instruction et le goût des études propagés partout, des lois sages promulguées, la religion protégée et respectée, et surtout les Pontifes de Rome rendus indépendants en face des princes de la terre, par l'affermissement de la souveraineté temporelle: voilà les titres de gloire de Charlemagne, dont une large part rejaillit sur son ministre, son conseiller et grand aumônier, sur notre saint abbé Fulrade.

CHAPITRE XX.

Dévouement filial de Charlemagne envers le vicaire de Jésus-Christ.

Nous avons vu Charlemagne comme prince chrétien. Mais ce qui distingua sa piété, ce fut son dévouement filial envers le vicaire de Jésus-Christ. En tête de toutes ses ordonnances, on lisait ces mots : „Charles, par la grâce de Dieu, roi et recteur du royaume des Francs, dévot défenseur de la Sainte-Église, et auxiliaire du Saint-Siège apostolique en toutes choses."[1] Et ces paroles n'étaient pas une vaine formule : sa foi de chrétien lui fit voir dans le Pape l'interprète de la vérité et de la volonté divine. Il comprit qu'il avait besoin du concours de cette haute autorité pour réaliser tout le bien qu'il méditait. Dans un document de l'an 784, il instruisait son ambassadeur à Rome de la manière qu'il devait parler au Pape. En s'adressant au Saint-Père, au nom de l'empereur, l'ambassadeur devait toujours dire : „Charles, notre maître et votre fils." Puis il devait présenter les salutations de l'empereur, des évêques, des prêtres, des abbés, de tout le peuple franc. C'est ainsi que ce puissant monarque à qui toute l'Europe obéissait, traitait avec le Pape. Nous avons déjà dit avec quelles marques de respect il reçut Léon III à Paderborn, allant au-devant de lui en présence d'une armée de cent mille hommes, qui se prosternèrent jusqu'à trois fois pour recevoir la bénédiction du saint

---

[1] BALUZE. Tom. 1ᵉʳ, p. 189.

Pontife. Autant il aimait et vénérait le Pape, autant il l'aidait dans sa sainte mission de pasteur universel des âmes, et tenait à justifier ce titre d'*auxiliaire du Saint-Siège en toutes choses*. Dans toutes les grandes entreprises, Charles prenait conseil du Pape : ce qui imprimait à ses actes une haute autorité et comme une sanction divine, et lui rendait à lui même le commandement plus facile. C'était, si l'on veut, une sage politique au point de vue purement humain, mais chez Charlemagne c'était l'effet d'une profonde conviction. Un poëte contemporain en parlant de cet accord entre le chef de l'État et le chef de l'Église disait : „Entre Charlemagne, le père de l'Europe, et Léon, le père de l'Univers, il y a concert de sollicitude. Cette sollicitude avait principalement pour objet le triomphe de la foi et la paix de l'Église."

Ce concert de sollicitude entre les Pontifes de Rome et les gouvernements, pour le bien commun de la société, n'existe plus aujourd'hui. Il est vrai que, de leur part, les Papes ne cessent de remplir leur mission divine, d'enseigner les nations au milieu d'immenses difficultés ; mais ils ne rencontrent de la part des pouvoirs civils que la défiance, si ce n'est pas la haine et la persécution. Est-il rare d'entendre traiter, dans nos assemblées publiques, le Pape de souverain étranger, et les catholiques, qui lui restent soumis, d'ennemis de leur pays ?

Depuis la révolution du seizième siècle, cette guerre contre la Papauté est continuelle. Le premier cri de révolte contre cette institution divine a été poussé par Luther, dans son livre : *La Papauté est une institution du diable; le Pape c'est l'Antechrist*. Et ce cri de révolte est répété par les hérétiques et par tous les ennemis du catholicisme. A l'heure qu'il est, les protestants d'Allemagne se préparent à la fête anniversaire de la naissance de Luther. Les pasteurs tiennent des réunions et prononcent des discours furibonds contre *l'antechrist* qui siège à Rome, contre ce tyran qui écrase les nations!!! Il y a dans cet accord de toutes les sectes à faire la guerre au Saint-Siège, un puissant argument en faveur de la divinité de notre sainte religion. Ce qui fait la force et la vie du catholicisme, et nos adversaires le savent bien, c'est son admirable constitution, qui est l'œuvre de Jésus-Christ; c'est cette hiérarchie qui unit les fidèles à leurs curés, les curés à leurs évêques, ceux-ci et les prêtres et les fidèles au Pape. Du moment que nos adversaires parviendraient à rompre ce lien, ce serait fait du catholicisme. Il aurait le sort de toutes les sectes qui se sont séparées de Rome : elles ne sont plus que des rameaux desséchés, n'ayant plus de sève, plus de vie. Elles ont perdu l'unité de foi, se laissant aller à tout vent de doctrines. En refusant l'obéissance à une autorité divinement instituée, elles sont tombées partout sous la domination d'un chef laïc sans mission. „Et ce n'est pas le moindre déshonneur du protestantisme, que d'avoir fait du Prince le chef de la religion chez les différentes nations protestantes." (Lacordaire.)

Dans le siècle passé, il s'est formé une école dont les tendances étaient d'affaiblir l'autorité du Saint-Siège : les doctrines s'appelaient des libertés „Libertés à l'égard du Pape, disait Fleury, mais servitudes à l'égard du pouvoir civil." Fleury, on le sait, n'était pas un ultramontain. *Je ungehorsamer gegen Rom, um so serviler gegen die weltliche Macht*", est devenu un axiome. (*Libertés à la façon de Pithou.*)

CHAPITRE XXI.

Épitaphe de Fulrade par Alcuin.

Les mérites de saint Fulrade ont été célébrés en vers latins par le célèbre Alcuin, dans l'épitaphe qu'il fit inscrire sur sa tombe. Le texte de cette élégie se trouve dans Félibien.[1] Avant de le citer, nous dirons un mot de l'auteur. Né en Angleterre en 732, Alcuin entra tout jeune à la célèbre école de York, d'où sont sortis tant d'hommes illustres. Ses talents et ses rapides progrès dans les sciences le placèrent bientôt à la tête de cette institution. Dans un voyage qu'il fit à Rome, en 781, il rencontra Charlemagne à Parme. Le prince, reconnaissant en lui un homme d'un grand savoir, lui communiqua tout aussitôt les vastes plans qu'il avait conçus pour le bonheur de son peuple, et lui proposa de venir en France pour l'aider à les réaliser. Alcuin accepta. Civiliser les hommes par l'instruction et la religion, c'était l'objet de leurs communs efforts. La première école fut établie dans le palais même de Charlemagne, qui ne trouva pas au-dessous de sa dignité de s'inscrire au nombre des élèves d'Al-

[1] V. les *Act. SS.* Tom III, p. 37-41.

cuin. L'exemple de la cour fut bientôt suivi partout en France et dans les pays voisins. Parmi les écoles qui rivalisèrent de science, nous nous contentons de citer celles de Saint-Denys, des deux Saint-Germain, de Reims sous Hincmar, de Lyon sous Agobard, de Strasbourg sous Heddon, de Saint-Gall sous Notbert, de Tours sous Alcuin lui-même. C'est dans cette dernière que furent formés une multitude de célèbres docteurs. Les matières enseignées étaient la théologie, la Sainte-Écriture, la grammaire, la rhétorique, la dialectique, la géométrie, l'arithmétique, l'astronomie, la musique et le plain-chant. Charlemagne attachait une grande importance au chant de l'Église, comme à tout ce qui pouvait contribuer à la splendeur du culte divin. C'est dans ce but qu'il amena de Rome des maîtres de chant.

Quand Alcuin arriva à la cour de Charlemagne, saint Fulrade vivait encore ; ces deux hommes partagèrent alors la confiance et l'amitié de l'empereur. Alcuin a été témoin des vertus de saint Fulrade, et l'éloge qu'il en fait est non seulement l'expression de ses sentiments personnels, mais celle de l'opinion générale, qui s'était faite en France et à l'étranger sur notre saint abbé.

Presbyter egregius valde et venerabilis Abba,
   Strenuus actu, opere, pectore, mente pius,
Corpore Fulradus tumulo requiescit in isto,
   Notus in orbe procul, noster in orbe Pater.
Inclytus iste sacræ fuerat Pastorque Capellæ,
   Hic decus Ecclesiæ, promptus in omne bonum.

ÉPITAPHE

Hæc domus alma Dei magno est renovata decore,
 Ut cernis, lector, tempore quippe suo.
Iste pios Patres magno dilexit amore,
 Relliquias quorum hæc domus alma tenet.
Credimus idcirco cœlo societur ut illis,
 In terris quoniam semper amavit eos.

ALCUINUS.

Prêtre éminent, abbé très vénérable,
 Fort dans l'action, pieux d'esprit et de cœur,
Fulrade repose de corps dans ce tombeau.
 Connu du monde entier, il fut pour nous un père ;
Il fut le pasteur illustre de cette sainte chapelle,
 L'ornement de la sainte Église, toujours prêt à faire le bien.
Il fut le restaurateur de cette belle maison de Dieu,
 Qu'il orna splendidement, comme vous le voyez, ô lecteur.
Il aima tendrement les Pères glorieux
 Dont les reliques se trouvent dans cet auguste temple.
C'est pourquoi nous croyons que, les ayant toujours aimés
 et vénérés sur la terre,
Il aura été associé à leur gloire dans le ciel.

L'épitaphe que Alcuin fit à l'abbé Maginaire, disciple et successeur de Fulrade, renferme également l'éloge du maître. La voici :

Hic sit sub pedibus tibi, Maginare, Magistri
 Jam sacra mundanis temporibus requies.
Te pius ille Pater teneris nutrivit ab annis,
 Tu quoque successor ejus honoris eras.
Hoc (heu !) perparvum rexisti tempus ovile,
 Floribus in mediis mors mala te tulerat.
Sed quem Christus amat, illi mors nulla nocebit :
 Post mortem melius vivit in arce poli.

ALCUINUS, *anno 804, die 19 maii defunctus.*

Que ce soit ici, aux pieds de votre maître, ô Maginaire,
  Le lieu saint de votre repos après les fatigues du monde.
Depuis votre tendre enfance ce pieux père vous a élevé;
  Aussi avez vous été son successeur dans les dignités.
Hélas! vous n'aviez gouverné ce bercail que peu de temps,
  Quand l'impitoyable mort vous a enlevé à la fleur de l'âge.
Mais la mort ne peut être un détriment pour celui qui
  aime le Christ;
Après la mort, il entre au ciel dans une meilleure vie.

ALCUIN.

ÉPILOGUE

(Voy. Chap. VIII, XII, XVI, etc.)

Action civilisatrice de la Papauté.

1º Les Papes, gardiens du dépôt de la foi. — 2º Gardiens des lois disciplinaires. — 3º La charité des Papes. — 4º Leur zèle pour les missions. — 5º Les Papes, gardiens de la liberté. — 6º Protecteurs des sciences et des beaux-arts. — 7º La sacrée Congrégation de la Propagande. — 8º Services rendus par les Papes dans l'ordre social. — 9º Léon XIII, restaurateur de la philosophie. — 10º Conclusion.

Il est certain que le grand mérite de saint Fulrade et des premiers rois Carolingiens, c'est d'avoir compris que les Pontifes de Rome, pour exercer librement leur mission divine, avaient besoin d'une position indépendante vis-à-vis des pouvoirs de la terre. C'est du reste un fait incontestable que les princes chrétiens les plus illustres des siècles passés, et tous les hommes de génie des temps anciens et modernes ont reconnu l'action bienfaisante de la Papauté dans le monde, surtout aux époques où cette action s'exerçait librement.

C'est pourquoi, pour compléter notre monographie, nous allons nous poser la question suivante : Est-il vrai que les Papes ont toujours été les vrais bienfaiteurs de l'humanité? L'influence civilisatrice de la Papauté sur la société peut-elle se prouver? Et nous répondrons que les bienfaits de la Papauté sont éclatants et nombreux dans l'ordre spirituel, moral, politique et scientifique. „En lisant l'histoire, dit le comte de Maistre, on sent je ne sais quelle présence réelle et continuelle du Souverain-Pontife ; il est partout, se mêle à tout, regarde tout, comme de tous côtés on le regarde." (Du Pape).

Et d'abord dans l'*ordre spirituel et moral*, qui a pour objet la sanctification des âmes, qui pourrait méconnaître les immenses bienfaits de la Papauté ? Qu'elle est admirable, la Constitution que le Christ a donnée à son Église ? Pour maintenir l'unité de doctrine, il établit Pierre chef et fondement de son Église : „Tu es Pierre, et sur cette pierre je bâtirai mon Église, et les portes de l'enfer ne prévaudront pas contre elle." (MARC, XVI, 18.) C'est Pierre que le Sauveur établit docteur universel ; c'est à lui qu'il confia la mission d'enseigner, quand il lui donna l'ordre de paître ses agneaux et ses brebis (JEAN XXI, 17) ; à lui qu'il promit de prier, afin que sa foi ne défaille jamais (LUC, XXII, 32). Nous ne sommes donc pas comme des enfants, qui se laissent aller à tout vent de doctrine. Nous avons un magistère infaillible. C'est à Pierre et à ses successeurs, les Pontifes de Rome, de veiller à l'intégrité du dépôt de la foi, et l'histoire prouve qu'ils ont toujours été fidèles à cette mission divine.

1° Si ce précieux dépôt est arrivé à nous pur et intact, malgré les continuelles attaques de l'hérésie et de l'impiété, c'est aux Papes que nous le devons. Toutes les fois qu'un point de doctrine était contesté, l'erreur était déférée au tribunal du Souverain-Pontife, et quand Rome avait parlé, la cause était irrévocablement jugée. *Roma locuta est, causa finita est.* Quand l'hérésie d'Arius menaça d'envelopper l'univers entier; quand Nestorius, Eutychès et les empereurs d'Orient jetèrent partout le trouble et les divisions, n'étaient-ce pas toujours les Pontifes de Rome qui veillaient à la pureté de la doctrine, en convoquant des Conciles généraux où l'hérésie était jugée et condamnée?

Le protestantisme se divise aujourd'hui en une infinité de sectes, et si Bossuet revenait, il aurait à ajouter de nouveaux volumes à son histoire des variations: or le protestantisme est arrivé là pour avoir rompu l'unité avec Rome. Le libre examen, qu'il a mis à la place de l'autorité légitime en matière de foi, a fait table rase même des vérités fondamentales du christianisme.

2° Avec la même sollicitude que les Papes ont toujours montrée pour maintenir l'intégrité de la foi, ils ont été les fermes gardiens des lois disciplinaires.

Il suffit de se rappeler avec quel courage ils ont défendu la sainteté et l'indissolubilité du mariage contre des monarques puissants, préférant s'attirer les colères d'un Henri VIII, de voir ce prince, autrefois zélé défenseur de la foi orthodoxe, devenir le plus violent persécuteur de l'Église, plutôt que de sanctionner un divorce qui ne pouvait se justifier par aucune raison canonique. Ce sont les Papes, et les Papes seuls qui, envers et contre tous, ont maintenu l'unité du lien conjugal. Et tout récemment, quand la question du divorce a été de nouveau discutée, n'est-ce pas le Souverain-Pontife Léon XIII qui, dans une admirable Encyclique, a démontré les funestes effets, au point de vue religieux et social, d'une aussi dangereuse théorie, si elle pouvait prévaloir? Ce sont encore les Papes qui ont relevé la femme de l'état de dégradation où elle avait été réduite.

3° Quelque grande calamité venait-elle à frapper une contrée, n'a-t-on pas vu les Souverains-Pontifes compâtir les premiers au malheur, et s'imposer les plus grands sacrifices pour soulager les victimes? Une guerre menaçait-elle d'éclater entre deux peuples, n'était-ce pas toujours le Pape, qui, en véritable ange de la paix, s'interposait pour réconcilier les partis? Non! il n'est aucun genre de souffrances, soit physiques soit morales, pour lequel les Papes n'aient fondé des maisons de secours sous la direction des ordres religieux. Il n'y a pas de cité, dans le monde entier, qui contienne autant d'établissements de charité que la ville des Papes.

4° L'admirable œuvre des missions, qui a pour objet d'évangéliser et de civiliser les peuples sauvages, a toujours été l'œuvre de prédilection de nos Papes. Ils ont fondé, pour la direction de cette œuvre, la sacrée Congrégation de la Propagande. Nous dirons plus loin les services rendus par cette institution dans le domaine des sciences. Mais n'oublions pas que c'est toujours des Papes que les hommes apostoliques ont reçu leur mission. C'est par eux que saint Patrice fut envoyé en Irlande, saint Augustin en Angleterre, saint Boniface en Allemagne, saint Materne en Alsace, saint Denys à Paris, saint Méthode et saint Cyrille chez les peuples slaves, saint François-Xavier aux Indes. Il n'y a pas de contrée dans tout l'univers qui n'ait été l'objet de la sollicitude paternelle du Saint-Siège.

Dans toutes les grandes œuvres, ayant pour but la gloire de Dieu, le salut et même le bonheur temporel des hommes, on est sûr de trouver la main du Pape instituant, encourageant tout ce qui est bien. Il est dans le monde moral, ce que le soleil est dans la nature. Il éclaire les intelligences, il réchauffe les volontés, il imprime le mouvement et donne la vie à tout.

5° La Papauté a été de tout temps le plus solide

rempart de la liberté religieuse. On a vu des évêques se faire les très humbles serviteurs de puissants despotes, temporiser et céder quand il fallait résister; on n'a jamais vu un Pape sacrifier les intérêts de l'Église pour satisfaire l'ambition de quelque majesté terrestre. Lorsque leur conscience était engagée, ils n'ont jamais craint de dire avec saint Pierre: *non possumus.* On les a vus défendre les droits divins de l'Église contre les prétentions des empereurs byzantins; plus tard, sous Grégoire VII, contre les empiètements de la féodalité, dans la querelle des investitures; enfin contre le despotisme des rois, depuis Philippe-Auguste, jusqu'à Louis XIV et Napoléon Ier. Quand toutes les volontés s'inclinaient devant ce dernier, devenu tout puissant, on a vu Pie VII préférer l'exil et accepter une longue captivité, plutôt que de sacrifier ses libertés.

Comme exemple de fermeté apostolique des Papes, rappelons-nous le langage énergique, que Grégoire XVI fit entendre au Czar de toutes les Russies, dans une célèbre entrevue où le Pape reprochait au fier souverain sa conduite tyrannique envers ses sujets catholiques. „Quel admirable spectacle,“ s'écriait un journaliste de ce temps [1] „que cette lutte entre un monarque superbe et un vieillard, qui n'a pour toute défense que sa parole!“ Cette grande voix indépendante, qui ne ménage jamais la vérité aux hommes du pouvoir, nous l'avons entendue plus d'une fois dans nos tristes temps revendiquant les droits et les libertés de l'Église.

Ce sont les Papes qui ont le plus contribué à

[1] Le *Journal des Débats.*

l'abolition de l'esclavage. Saint Grégoire-le-Grand affranchit en un même jour tous les esclaves de Rome, en prononçant ces mémorables paroles: „Comme notre Rédempteur a pris notre chair pour nous délivrer de l'esclavage du péché, nous devons rendre à la liberté ceux qui en ont été privés par la loi des nations."

Ce sont les Papes, et les Papes seuls qui ont préservé Rome de la fureur des barbares. La ville éternelle, neuf fois prise, a été relevée neuf fois de ses ruines par les Papes. Le prestige que cette haute et mystérieuse dignité du Pontife exerça sur l'indomptable Attila était tel, que le *Fléau de Dieu* s'avoua vaincu la première fois de sa vie par la simple parole d'un prêtre.

Dans des temps plus récents, d'autres barbares non moins redoutables menacèrent souvent l'Europe. C'étaient les Turcs, ces ennemis éternels des chrétiens. Leur puissance était devenue formidable, et inspirait la terreur aux peuples de l'Occident; or, ce furent encore les Papes qui opposèrent une insurmontable barrière à l'invasion de l'islamisme, pendant que l'hérésie faisait cause commune avec lui. Voici ce que Luther écrivit aux princes d'Allemagne de ce temps: „Point de guerre contre les Turcs, je vous en conjure; mais si les Turcs prenaient le chemin de Rome, je le verrais avec plaisir." *(Tischreden p. 136.)*

6° Dans l'ordre scientifique, littéraire et artistique, que ne devons-nous pas aux Souverains-Pontifes?

Les universités et les hautes écoles de Rome, fondées par les Papes, ont eu de tout temps une réputation bien méritée. C'est là que la jeunesse de l'univers entier continue à se rendre pour se perfectionner dans l'étude de la théologie, comme dans la littérature et les hautes sciences. Pour exciter l'émulation, des assises académiques solennelles se tiennent à certaines époques devant un jury, chargé de récompenser les progrès.

Les hommes de génie ont toujours trouvé auprès des Papes un accueil empressé et de grands encouragements. Presque tous les grands artistes se sont formés ou perfectionnés à Rome, et c'est de ses écoles que sont sortis les plus grands maîtres.

7° En rappelant les bienfaits de la Papauté dans l'ordre scientifique, nous ne pouvons passer sous silence les travaux de la *sacrée Congrégation de la Propagande*. Ce sont les Papes qui ont fondé et doté cette admirable institution, et elle est certes un des plus beaux titres d'honneur de la Papauté.

Une circulaire du Préfet de la Sacrée Congrégation, en date du 20 octobre 1882, adressée à tous les vicaires apostoliques des missions, nous apprend que le but de cette institution est non seulement d'évangéliser les peuples encore assis à l'ombre de la mort, mais aussi de concourir au progrès de la science. Le cardinal préfet invite les missionnaires de tous les pays à recueillir avec soin les monuments et objets propres à intéresser les sciences, les arts, les mœurs des peuples, leur religion, la géographie des lieux, etc. La circulaire rappelle que le Pape Clément XI envoya à plusieurs reprises des moines savants en Orient, et que c'est principalement à leurs recherches qu'on doit les précieux manuscrits qui enrichissent la bibliothèque du Vatican, et qui sont d'une si grande utilité pour l'étude des langues orientales. On l'a dit avec raison : la Propagande n'est pas seulement une pépinière de missionnaires et d'apôtres, elle est aussi un établissement scientifique de premier ordre, où les langues de tous les peuples du monde sont enseignées. On sait que chaque année, le jour de l'Épiphanie, des exercices publics dans toutes les langues ont lieu par les élèves de l'établissement : spectacle unique qui ne se voit que dans la cité des Papes, et qui montre admirablement la catholicité de l'Église, laquelle embrasse toutes les nations de la terre, selon la parole que Jésus-Christ a dite à ses apôtres : *Ite, docete omnes gentes.*

La typographie de la Propagande est sans contredit la première du monde. Elle imprime des ouvrages latins, grecs, arabes, chaldéens, arméniens et illyriens; elle l'emporte de beaucoup, sur toutes les autres typographies de l'Europe, par la richesse de ses caractères étrangers.

La bibliothèque, dite polyglotte, que possède la Propagande, est d'une richesse étonnante, et sert principalement aux élèves pour l'étude des langues orientales. Elle a été beaucoup augmentée par la bibliothèque du célèbre linguiste, le cardinal Mezzofanti, et par celle du Pape Grégoire XVI.

Le musée de l'établissement renferme un grand nombre d'objets curieux, envoyés par les missionnaires, et qui sont d'une utilité incontestable pour l'étude de l'histoire, de la géographie, de la numismatique, de la philosophie et de l'ethnographie.

Il est certain que nos missionnaires, comme l'attestent les Annales de la propagation de la foi, ont toujours répondu au double but, exprimé dans la circulaire du 20 Octobre, de travailler à la conversion des peuples idolâtres et de ne rien négliger de ce qui peut agrandir le domaine de la science. De la Rome papale partaient en tout temps, pour éclairer le monde, le fortifier et le consoler, la vérité, la lumière et la paix. Là, les Papes ont réuni tous les chefs-d'œuvre de l'antiquité, échappés à la destruction du temps et des barbares; là se sont accumulées toutes les merveilles de l'esprit humain, tout ce que l'art, sous le souffle du génie et grâce à la protection des Papes, a pu produire de plus grand et de plus beau.

La conclusion est que Rome, la cité pontificale, a de tout temps tenu le sceptre de la science parmi toutes les cités du monde, et cela en dépit des sectaires qui l'accusent d'être le siège de l'obscurantisme et de la superstition.

8° Nous voudrions nous arrêter là; mais il nous est impossible de ne pas dire un mot de ce que les derniers Pontifes ont fait, au milieu des plus dures épreuves, pour sauver une société qui s'obstine à se perdre. En gardiens vigilants, ils n'ont pas cessé d'avertir les princes et les peuples des dangers, que fait courir à l'humanité la propagande des doctrines funestes, qui égarent les esprits et pervertissent les cœurs. Avec un courage apostolique indomptable, ils n'ont pas craint de signaler, en les condamnant, les sectes qui ont juré la ruine de l'Église catholique, et qui aujourd'hui même poursuivent leur œuvre satanique au grand jour, grâce au laisser-faire et à la connivence des gouvernements.

Dans son Encyclique du 21 avril 1878, Léon XIII voit la cause des maux, qui affligent la société, dans le mépris et le rejet de cette sainte autorité de l'Église, qui préside au genre humain au nom de Dieu, et qui est la garantie de toute autorité légitime. Les ennemis de l'ordre public l'ont parfaitement compris, et voilà pourquoi ils ont pensé que rien n'était plus propre à ruiner les fondements de la société, que de faire à l'Église de Dieu une guerre acharnée, d'attirer sur elle la haine par de honteuses calomnies, en la représentant comme l'ennemie de la vraie civilisation... C'est aussi ce qu'on a eu en vue, en s'emparant de la principauté temporelle, que la divine Providence avait accordée depuis de longs siècles au Pontife romain, afin qu'il pût exercer librement et sans entraves le pouvoir, que Jésus Christ lui a confié pour le salut éternel des peuples ; puis le Saint-Père ajoute : „Les Pontifes romains nos prédécesseurs, et en dernier lieu, Pie IX de sainte mémoire, surtout au concile du Vatican, n'ont pas omis toutes les fois qu'il en a été besoin, de réprouver les erreurs qui faisaient irruption et de les frapper de censures apostoliques. Marchant sur leurs traces, nous confirmons et renouvelons toutes ces condamnations du haut de cette chaire de vérité."

Dans la même année, le 28 décembre 1878, l'infatigable Pontife écrivit une nouvelle Lettre encyclique à tous les évêques du monde chrétien, pour signaler une fois de plus les graves périls qui menacent la société. Fidèle à la voix du Prophète qui lui semble ordonner de crier sans cesse et d'élever sa voix comme un clairon (Is. LVIII, 1), il dénonce les doctrines et les actes de ces hommes qui, sous des noms divers et barbares, sont appelés socialistes, communistes, nihilistes, et qui répandus dans le monde sont étroitement liés entre eux par un pacte inique, dont le but avoué est de renverser les fondements de la société civile.

9° Une des gloires de Léon XIII, c'est d'avoir donné l'impulsion aux études philosophiques. Il a vu une des causes de nos malheurs dans le dévoiement des intelligences, égarées par une fausse philosophie, lesquelles ont la prétention d'enseigner la vérité sans l'aide de la révélation. Le docte Pontife ne voit de salut que dans le retour à la philosophie chrétienne, selon la méthode des Pères de l'Église, et surtout du grand saint Thomas d'Aquin.[1] Léon XIII expose son plan dans son admirable

[1] „La réflexion et l'expérience nous ont convaincu, dit le Pape, que l'odieuse guerre engagée contre l'Église et la société ne peut être plus promptement terminée que

encyclique *Æterni Patris*, qui lui a mérité le titre de Restaurateur de la vraie philosophie.[1]

On le voit, Léon XIII, comme tous ses prédécesseurs, ne ménage pas les avertissements; il dit où est le mal et quel en est le remède.

Malheureusement cette grande voix du vicaire de Jésus-Christ, n'est plus entendue, et c'est là le grand péril social. La société moderne est comme ces malades, qui n'ont pas conscience de la gravité du mal, et qui refusent le seul remède qui peut les sauver : ils meurent victimes de leur aveugle obstination.

Avant de terminer cet exposé, écoutons encore le jugement peu suspect des historiens les plus renommés parmi les protestants, sur l'action bienfaisante de la Papauté.

Le savant Herder[2] s'exprime ainsi: „Les grandes institutions de la hiérarchie romaine, dans les pays catholiques, sont un fait incontestable : c'est par elles que les sciences se sont conservées. Sans la hiérarchie romaine, l'Europe serait probablement devenue, après la chute du premier empire d'Occident, la proie de quelque despote, le théâtre de guerres interminables, un désert mongol." Les his-

par la restauration universelle des vrais principes, tant spéculatifs que pratiques, par le moyen des sciences philosophiques."

[1] Voir dans le *Bulletin ecclésiastique de Strasbourg* les remarquables articles de M. C. BOURQUARD.

[2] *Pensées sur la philosophie de l'histoire.*

toriens Menzel,[1] Jean de Müller,[2] Léo,[3] s'accordent à dire que les Papes ont été les missionnaires de la civilisation, les protecteurs des faibles contre les forts, les défenseurs du droit contre l'injustice, les remparts de la liberté publique. M. Guizot, quoique protestant, avait trop de justesse d'esprit, pour ne pas s'incliner devant cette grande figure du Vatican. Voici ses propres paroles : „Quelle est donc la puissance de ce vieillard, qui du pied de ses autels, domine ainsi les plus hautes intelligences, fait courber toutes les têtes, et sait d'un mot conjurer les orages qui menacent la religion?"

Le célèbre philosophe protestant Leibniz a fait le plus bel éloge de la Papauté dans ces paroles : „Si le Saint-Siège avait la place et jouait le rôle qui lui appartiennent, l'Europe verrait refleurir l'âge d'or." Ce profond penseur voyait dans la Papauté une grande force morale, la plus puissante qui fût au monde, parce qu'elle retenait dans la foi des millions d'hommes de tous les pays, malgré les attaques incessantes auxquelles celle-ci est en butte de la part de l'hérésie et de l'incrédulité.

Cette force morale que le Saint-Siège exerce sur le monde n'est pas amoindrie par la persécution, et si Leibniz revenait, il retrouverait la Papauté toujours jeune et pleine de vie.

10° Concluons avec un autre savant protestant, Novalis : „Heureux temps où l'Europe ne formait

---

[1] Menzel, *Histoire des Allemands*. T. III, c. 1.
[2] Jean de Muller, *Histoire de la Suisse*.
[3] *Histoire du Moyen-Age*. T. II, p. 129.

qu'un *seul* peuple chrétien; où une *seule* et même religion unissait tous les hommes sur cette partie du globe; où un grand intérêt général reliait entre elles toutes les provinces d'un royaume spirituel; où un *seul* chef, sans posséder des domaines considérables, dirigeait tout et réglait toutes les affaires, et que cet ordre de choses était accepté par les princes et les peuples! Ce qui prouve les avantages de cette organisation, c'est qu'elle a eu pour résultat le dévoppement progressif et harmonique de toutes les forces sociales, de toutes les capacités; car c'est sous ce régime que des hommes de génie ont atteint des hauteurs extraordinaires dans toutes les branches de l'art et de l'industrie." *(Die Christenheit oder Europa.)* [1]

Cette unité d'*un seul* chef, d'*une seule* religion, d'*une même* direction dans les affaires de ce monde, n'existe plus, hélas! Le principe d'unité, qui est, de sa nature, conservateur, a fait place au principe révolutionnaire, qui est un dissolvant, une cause de division. Le principe d'autorité en matière de foi, représenté par le Pape, a été remplacé par celui du libre examen, principe révolutionnaire qui engendre nécessairement l'anarchie dans les intelligences. La philosophie moderne, au lieu de prendre pour base la révélation, rejette *a priori* toute vérité de la foi; sa dernière conclusion est le scepticisme et l'athéisme. L'intérêt commun en politique, qui a pour objet le bie-nêtre de la société, a fait place

---

[1] *La Chrétienté ou l'Europe.*

à l'intérêt individuel, à l'égoïsme. On le voit, par une logique rigoureuse, toutes les révolutions se tiennent, elles sont toutes sorties de celle du seizième siècle. Le protestantisme commença par nier la première et la plus haute autorité du monde, en se séparant de Rome. Cette révolution religieuse a eu pour conséquence la révolution politique, qui proclama la souveraineté du peuple; puis la révolution philosophique, la libre-pensée, s'affranchissant de la vérité révélée, dont le dernier terme sera la révolution sociale, qui a pour mot d'ordre : „*La propriété, c'est le vol.*" Que nous marchons à grands pas vers ce terme fatal! Léon XIII nous l'a fait voir. Puissent-ils le comprendre, ceux qui nous gouvernent, pendant qu'il en est temps encore! *Et nunc intelligite ; erudimini qui judicatis terram.* (Ps. II, 10.)

Faut-il donc désespérer du salut de la société? Oh non! car ce serait révoquer en doute les promesses infaillibles de Jésus-Christ. Quand la révolution aura achevé son œuvre de destruction, quand elle n'aura laissé derrière elle que des amas de ruines, il y aura encore une institution debout, c'est l'Église bâtie sur Pierre. Elle sera, comme toujours, fidèle à sa mission de civilisation et de régénération. Nous lisons dans les Livres-Saints (*Gen.* V, 6) que les crimes des hommes s'étant multipliés sur la terre, Dieu résolut de faire périr par le déluge tous les êtres vivants. Il fit signe à l'élément le plus terrible, qui devint l'instrument de sa justice. En peu de temps la terre fut transformée en un vaste océan, qui avait englouti les hommes et les animaux. Tout sera-t-il perdu pour toujours?

Non, non. Voyez l'arche flottant sur les eaux. Elle occupe le milieu entre le Ciel irrité et la terre coupable. Non, tout ne sera pas perdu : l'arche renferme dans ses flancs les éléments d'un monde nouveau ; elle sauvera le monde d'une ruine complète. Telle est la mission de l'Église dont l'arche de Noë n'était que la figure. Une lutte terrible est engagée entre le bien et le mal. Toutes les puissances de l'enfer se sont conjurées contre le Christ et son Eglise ; la persécution sévit partout. Mais selon la pensée du grand saint Hilaire, le triomphe de l'Église n'est jamais plus éclatant que dans les temps de persécution. *Hoc proprium est Ecclesiæ ut tum vincat cum læditur.*

Les Chartes de l'Abbaye de Saint-Denys.

L'historien de l'abbaye de Saint-Denys, Dom Félibien, nous a conservé les textes authentiques d'un grand nombre de chartes et d'autres documents, où il a trouvé un riche fond pour écrire son histoire. Les chartes, qui correspondent à l'époque où saint Fulrade gouvernait le monastère, de 750 à 784, sont au nombre de plus de vingt, auxquelles il faut ajouter cinq bulles des Papes Étienne III et Adrien Ier.[1] Ces documents sont d'un intérêt majeur : ils attestent la haute estime et le crédit considérable dont saint Fulrade jouissait auprès des rois Pépin, Charles et Carloman ; ils montrent l'affection des Souverains-Pontifes, qui lui accordèrent des privilèges extraordinaires et qui lui écrivaient dans les termes les plus élogieux, l'appelant un homme aimé de Dieu, *vir Deo amabilis*. Enfin ces actes nous font aussi connaître la pieuse générosité des rois et des riches seigneurs de ce temps ; car ce ne sont guère que les titres des donations faites à l'abbaye pour l'entretien des

---

[1] En reproduisant ces chartes, nous leur conservons les numéros qu'elles portent dans les pièces justificatives de l'histoire de Dom Félibien.

nombreux religieux, à qui les bienfaiteurs demandaient en retour des prières, des saintes messes. On remarquera dans ces actes l'esprit de foi, les motifs surnaturels qui les ont inspirés. Comme exemple, citons la charte n° 44 de Pépin, et une autre n° 47 de Charlemagne. La première commence ainsi : „Ayant été appelé, par la miséricorde de Dieu, à gouverner des royaumes de la terre, il faut que nous agissions toujours au nom de Dieu, que nous protégions ceux qui ont été confiés à notre sollicitude, et que nous défendions les faibles...." Le document rappelle ensuite qu'un seigneur Widon avait donné *au très vénérable chapelain et archiprêtre Fulrade, viro venerabili Fulrado, capellano nostro sive Archipresbytero*, des terres considérables situées en Alsace; mais que Fulrade, dans une maladie où il croyait mourir, avait donné ces terres au roi pour en disposer à son gré en faveur des églises. L'abbé ayant bientôt après recouvré la santé, le roi le remit en possession de ces mêmes domaines. Tel est l'objet de cette charte.

Ce Widon était un riche seigneur d'Alsace; ses propriétés se trouvaient dans le voisinage de celles de Riculfe et de Fulrade.[1] Cette charte, ainsi que le testament de l'abbé de Saint-Denys, donne les noms des localités comprises dans la donation. Nous reproduisons ci-après le texte latin de ce mémorable document.

[1] V. plus haut, chap. Ier, pag. 2 et suiv.

An 768. Charte du Roi Pépin, par laquelle il rend à Fulrade tous les biens que le saint abbé lui avait donnés par un premier testament, lorsqu'il se croyait en danger de mort.[1]

Pippinus, Rex Francorum, vir illust. Omnibus Episcopis, Abbatibus... vel proceribus nostris... Et quia per Dei misericordiam regna Dei terræ gubernare videmur, oportet ea in Dei nomine indesinenter perpendere; quatenus illorum nostra propitiatio tueatur, quorum nobis sollicitudo commissa esse videtur : qualiter et illis qui munimine indigent, defendamus, atque recto tramite sustentemus. Nam in his præcipue honor noster clarescere debet, qui non solum fidem illæsam erga nos in omnibus visi sunt custodire, sed etiam assiduitatem servitiis totis viribus junctis non cessant impendere. Et ideo necesse censemus, ut qui talia exercere noscuntur; et nostris temporibus vitam eorum faciant pacificam ducere, et futuris jure firmissimo ea, quæ a nobis concessa sunt absque inquietudine liberis potestatibus Christo præsule, valeant in omnibus dominare. Quapropter, cum pluribus noscitur esse compertum, quatenus fideli Deo propitio nostro atque *Viro venerabili Fulrado Capellano nostro, sive Archipresbytero* ante hos dies advenienti causæ laboris, periculum pæne mortis constat eum fuisse annexum, et ideo tradens nobis res proprietatis suæ quas homo aliquus, nomine Wido eidem delegaverat, ut pro ejus anima ipsas res ad loca sanctorum con-

---

[1] Dom Félibien, pièces justif. N° 44.

firmare deberemus. Sed, quia subveniente divina misericordia, in pristinam denuo restitutus est sanitatem, prædictas iterum res ipsius Fulrado visi fuimus tradidisse. Sed verens ipse quasi per quoddam temporis spatium pro cupiditatis amore homines aliqui, ipsis prædictis rebus requirere, vel pro ipsa causa ei calumniam generare deberent ; idcirco petiit celsitudinem nostram ut pro ipsa traditione in idipsum nostram præceptionem deberemus generaliter confirmare ; quod et nos gratante animo, ita præstitisse vel in omnibus confirmasse cognoscite. Præcipientes enim ut prædictus vir, venerabilis Fulradus Cappelanus noster ipsas res quas numeratus Wido ei tradidit, idest Ghosmari, Andaldovillare, Ansulsesbaim, Suntor, Grucihaim, Ratbertovillare et quidquid per ipsius Fulrado precaria prædictus Wido possidere videtur, quod nobis Fulradus tradidit, cum omni integritate tam terris, domibus, ædificiis, accolabus, mancipiis, vincis, silvis, campis, pratis, pascuis, aquis, aquarumve decursibus, mobilibus et immobilibus, pecuniis, peculiis, utriusque sexus gregis, cum castoribus, vel omni supellectile, quantumcumque de paterno vel materno, seu undecumque ac ipso Widone legitimo ordine noscitur pervenire, quidquid in Alsacense et in Mordenaugia habere visus est, totum et ad integrum quod in ipsos pagos sua fuit possessio, et Fulrado tradidit et ipse nobis (ut supra diximus) in sua infirmitate tradidit, atque nos denuo ipsi Fulrado tradimus ; ab hac die ex nostra munificentia licentiam habeat deinceps ipsas res habendi, tenendi, dandi, vendendi, commutandi ;

etiam vel si pro Christi amore et suæ animæ remedio ipsas res ad loca sanctorum delegare voluerit, ubicumque ei bene placitum fuerit, ex permisso nostro absque ullius Judicis vel Fisci inquietudine, sive extra ipsius Widone heredis refragatione, liberam ac firmissimam prædictus Fulradus Capellanus noster sive Archipresbyter in omnibus de ipsis rebus habeat potestatem faciendi quidquid voluerit. Quam vero auctoritatem ut firmior habeatur, vel pro tempore melius conservetur; subter eam firmavimus et annulo nostro sigillavimus signum † Pippino gloriosissimo Rege. Hiterius recognovit et subsc.

Dato nono Kald. Octobris anno XVII regni nostri. Actum in ipso monasterio sancti Dionysii.

L'an 769, Charlemagne donnait le prieuré de Saint-Dié, dans les Vosges, à l'abbaye de Saint-Denys, dans la personne de saint Fulrade. Cette charte est surtout remarquable par les motifs de piété dont elle s'inspire. Nous croyons devoir en donner la traduction : [1]

„Charles, par la grâce de Dieu, Roi des Francs.... Nous croyons que ce que nous donnons par dévotion à des églises, profite au salut de notre âme; mais ce sont surtout les lieux saints, où reposent nos aïeux, que nous désirons favoriser. Qu'il soit donc notifié à tous nos fidèles sujets des temps présents et futurs que, par amour de Dieu et pour augmenter nos mérites, nous don-

---

[1] Dom Félib., pièces justif. N° 47.

nons à la maison de Saint-Denys, où reposent le glorieux patron et ses compagnons, où repose aussi le Seigneur Pépin, notre père, et où nous-même désirons être enterré, s'il plaît à Dieu, et laquelle est gouvernée par Dom Fulrade. Nous voulons qu'il soit donné un petit monastère dit de Saint-Déodat, et une forêt dans les Vosges, dont il est prouvé que Pépin, notre père, avait l'investiture, à condition que toujours quinze ou au moins dix religieux y résident, et ne cessent ni le jour ni la nuit de réciter des psaumes, de dire des messes et de faire des supplications particulières pour nous et notre illustre père. Nous ordonnons aussi que cette maison soit sous la dépendance de la sainte maison de Saint-Denys, afin qu'à partir de ce jour les supérieurs de ce monastère acceptent de notre bienveillance, et possèdent ce bien et ses dépendances sans qu'on puisse les molester, etc.

„Et afin que cette possession soit assurée et stable, même dans les temps futurs, nous l'avons notifiée en la signant de notre propre main et y avons apposé notre sceau.

„Aix-la-Chapelle. Charles. – Première année de notre règne (769).¹"

Carolus gratia Dei Rex Francorum, vir illuster, Quicquid enim ad loca Ecclesiarum Dei benevola devotione concedimus, hoc nobis ad salutem animæ nostræ proficere credimus maxima ad illa loca ubi parentes nostri requiescere videntur, hoc adim-

---

¹ Nous reproduisons le texte latin tel qu'il se trouve dans FÉLIBIEN, sans rien y changer.

plere studemus. Quapropter notum sit omnibus
fidelibus nostris præsentibus et futuris, eo quod
nos, ab amorem Dei et mercedis nostræ augmentum, donamus ad casa Sancti, Domni Dionysii
martyris, ubi ipse dominus preciosus cum sanctis
sociis suis in corpore requiescit et domnus et genitor noster Pippinus Rex requiescere videtur, et
nos si Deo placuerit sepelire cupimus donatum
que ibidem ab ipso sancto loco esse volumus et
ubi Foleradus Abbas et custos presse dignoscitur
hoc est monasteriolo aliquo qui nuncupatur a
sancto Deodato infra Vosago sylva sicut eum domnus et genitor noster Pippinus in sua investitura
tenuisse comprobatum est ea videlicet ratione ut
semper ipsi fratres decem aut quindecim per vices
ibidem ipsum locum custodire debeant et ibi
assidue in Psalmis et Missas et cæteris obsecrationum orationibus, vel peculiares orationes pro
nobis et pro Domno atque glorioso genitore nostro
Dominum preces exorare die et nocte non desistant. Propterea hanc præceptionem nostram ad
ipsa casa Sancti et Domni Dionysii conscribere
jussimus ut ab hac die rectores ipsius monasterii
prælibato monasterio locum omnibus ad se pertinentibus ex nostra indulgentia præsentaliter recipiant ad possidendum ita ut deinceps, ipsum locum habeant vel teneant absque ullius contrarietate
vel calumnia. Et ut hæc nostra præceptio vel
confirmatio nostris et futuris temporibus firma et
stabilis perdurare debeat manu propria subter
decrevimus roborare et de annulo nostro sigillare
jussimus. Signum : Caroli gloriosissimi Regis. Hi-

therius recognovit. Data idus Januarii anno primo regni nostri. Actum aquisgrani Palatio publico in Dei nomine feliciter. Amen. — Ann. 769.

Avec l'effigie du dit Roy.

Par les chartes qui portent dans Félibien les nos 33 et 34, Pépin, encore maire du palais (751) fit restituer à l'abbaye de Saint-Denys des biens dont elle avait été frustrée.

La charte n° 35 de Pépin roi (753) protège l'abbaye contre les prétentions d'un seigneur Gérard, comte de Paris, qui s'était arrogé le droit de lever des impôts sur la foire de Saint-Denys. L'abbé Fulrade avait présenté au roi les titres d'érection de la foire, donnés par Dagobert et confirmés par Clovis II. Le roi, ayant trouvé ces titres concluants, décida en faveur de l'abbaye.

La charte n° 36 donne à l'abbaye de Saint-Denys un château avec ses dépendances, situé près de Verdun sur une montagne dite de Saint-Michel. Dans ce document le roi Pépin dit qu'il a été élevé dans l'abbaye de Saint-Denys, *ubi nutriti sumus*. Cette charte a été signée à Compiègne le 29 juillet 755.

Suivent quatre bulles du Pape Etienne III, adressées à l'abbé Fulrade, que Félibien dit avoir extraites d'un ancien manuscrit de la bibliothèque de M. Colbert, coté 5034.

Par la première de ces bulles (n° 37) le Pape donne permission à Fulrade et à ses successeurs de fonder autant de monastères qu'il leur plaira sous la protection du Saint-Siège, et de porter toutes leurs causes au tribunal du Pape. Défense est faite de convoquer des assemblées d'évêques et de laïcs dans l'abbaye, sans la permission de l'abbé et celle du roi. Cette permission est également exigée pour conférer les ordres sacrés dans la basilique.

Voici cette bulle :

Bulle du Pape Étienne III.
(Vers l'an 755.)

Stephanus Episcopus, servus servorum Dei, Fulrado Deo amabili archipresbytero et abbati venerabilium, diversorum monasteriorum ab eo, Deo auspice, fundatorum et per seriem omnibus successoribus vicissim abbatibus in perpetuum. Quoniam semper sunt concedenda quæ rationabilibus congruunt desideriis, oportet ut devotio conditoris piæ constructionis oraculi in privilegiis præstandis minime denegetur. Igitur quia postulasti a nobis dilectissime noster fili, quatenus in provincia Francia, ubi ubi tibi placitum fuerit, in ruribus et mœniis, atque diversis locis sive in iis quæ proprietatis tuæ juri pertinent, sive etiam in diversis locis quæ per emtionis paginam tibi advenerunt, quamquam etiam ex rebus parentum tuorum, vel unde unde tibi adveniat, monasteria construendi licentiam tribueremus, ipsa quoque monasteria futura a te fundata privilegiis sedis apostolicæ in futuro fundata munirentur, ut sub jurisdictione sanctæ, cui auctore Deo, deservimus, Ecclesiæ constituta, nullius alterius Ecclesiæ jurisdictionibus submittantur. Pro qua re piis desideriis faventes, hac nostra auctoritate id quod poscitur effectui mancipamus. Et ideo per hanc apostolicam auctoritatem tibi, cui supra dilecto, filio nostro Fulrado vel ceteris tuis successoribus abbatibus, licentiam et potestatem largientes concedimus ædificandi monasteria ubicumque in Franciæ provincia volueritis, sive in locis proprietatis vestræ, sive etiam in iis, quæ per comparationis seriem, vel per concessionem, regum tibi, prædicto filio nostro obvenerunt aut obvenerint parentum tuorum dono, vel unde unde ad te pervenerunt vel pervenerint. Et omnem cujuslibet Ecclesiæ episcopum, aut alium quempiam sacerdotem; in præfatis monasteriis, ditionem quamlibet habere ac auctoritatem præter sedem apostolicam, prætestatam apostolicam, prohibemus; ita ut nullus episcopus aut alius sacerdos, vel etiam quisquiam e laïcis, in quoquam contrarietatem eisdem monasteriis inferre præsumant; ita ut nisi tu, Deo amabilis vir, vel successores tui abbates cuipiam forsitan sacerdotum permiseris quodlibet spiritale opus peragendum, quando ipsa venerabilia loca ædificaveris. Sed et hoc omnino interdicimus, ut nullus episcoporum præsumat presbyterum, aut diaconem, vel reliquos ordines ecclesiasticos in prædictis monasteriis ordinare, vel Missas ibidem celebrare, nisi ille qui ab abbate in tempore existente fuerit invitatus. Episcopum illum qui hujuscemodi consecrationem sacri ordinis in ipsis cœnobiis constituerit, nullo modo alius cujuslibet Ecclesiæ Episcopus pro eadem causa condemnare audeat. Sed et tabulas et chrisma

similiter consecrandi vobis licentiam tribuimus.
Et hoc beati Petri principis Apostolorum auctoritate
promulgantes sancimus, ut nullo modo Concilium
episcoporum, et laicorum absque voluntate excellentissimi filii nostri Pippini Regis, vel tuæ dilectionis, Deo amabilis vir, te audeat quoquo modo
episcopum consecrare. Et omnes causas tuas vel
cœnobii tui, per sedem sacratissimam apostolicam
reclamare licentia habeas, et proprietate tua in
omnibus fruaris, dum rationes deducere malueris
una cum misso Francorum ad sedem apostolicam
et interim nullus te condemnet potius autem, sicut
vere sacratissimæ sedis apostolicæ proprius familiaris ab omnibus optimi vigoris honorem percipias : ipsaque venerabilia a te ædificata monasteria sub ditione sacratissimæ sedis beati Petri
apostolorum principis confirmata, protectione apostolica in omnibus ut tueantur promulgamus qualiter
profecto, juxta id quod stabilita apostolicis, privilegiis consistunt, inconcusse dotanda permaneant.
Constituentes per hujus decreti nostri paginam
atque interdicentes omnibus cujuslibet Ecclesiæ
præsulibus, vel cujuscumque, dignitatis præditis
potestate sub anathematis interpositione, qui eis
præsumserit præsentis constituti a nobis præfatis
monasterii indulti quolibet modo existere temerator. Bene valete.

La charte n° 50 a un intérêt particulier pour
l'Alsace. Le roi Charles, ayant su que Fulrade
voulait fonder un prieuré à Andaldovillare (Saint-Hippolyte) et désirant lui donner un nouveau té-

moignage de sa bienveillance, lui accorda des terres considérables pour cette nouvelle fondation.[1]

„Charles, par la grâce de Dieu, Roi des Francs et des Lombards.... Nous avons la confiance que les dons que nous faisons par amour de Dieu à des lieux où sont vénérés les corps des saints, profitent à notre éternel salut. C'est pourquoi nous faisons savoir que le vénérable abbé Fulrade nous a informé que, pour honorer saint Denys, saint Rustique et saint Éleuthère, il a fondé dans le village alsacien dit Fulradovillare, sa propriété, une chapelle (*cellam*), et que son intention est d'en fonder une autre, avec l'aide de Dieu et de personnes pieuses, dans le lieu même où repose le corps de saint Hippolyte. C'est pourquoi, pour honorer le nom de Dieu et pour le salut de notre âme, afin d'obtenir une récompense éternelle, et d'accéder au désir de notre fidèle Fulrade, nous donnons à perpétuité au susdit lieu, et pour l'entretien des serviteurs de Dieu, qui y demeurent, une Marche qui nous appartient; nous la donnons par amour pour les bienheureux saint Denys, saint Privat et saint Hippolyte.

Suit la description des limites de cette marche, telle qu'elle se trouve dans Dom Félibien et dans Schœpflin. Nous transcrivons littéralement d'après le texte latin : „Aliqua loca silvestria.... in pago Alsacense, ex marca fisco nostro Qwingisheim [2] hoc est, silva et foreste nos-

---

[1] FÉLIBIEN, pièces justif. n° 50, et SCHŒPFLIN-RAVENEZ, t. III, p. 312. — Cf. Chap. X, p. 48 et suiv.; Chap. XIV, p. 72-75.

[2] Kintzheim près Schlestadt.

tro superius nominata, de una parte Laimaha,[1] ubi dicitur Bobolino Cella, et inde premitur ubi Aetsinisbach venit in Laima, inde vero per Aetsinisbach ubi ipse surgit, inde etiam Nannents; deinde autem monte usque ad Rumbach,[2] deinde Tludimisberch, deinde in alia Rumbach,[3] deinde in Bureberch, exinde in tertia Rumbach,[4] deinde autem pergit in Achinis regni,[5] inde in foresta per Ducias et confinia, inde per Laimaha fluvio in valle de Ambas Ripas per marca Gasmaringa et Odeldinga usque de Ophanpol, et inde per Laimaha fluvio alia ripa usque ubi Audenbach in Laimaha confluit, et pergit per ipso fluviolo usque radices Stophanberch,[6] per valle, sub integritate ipsius monte usque in Stagnbach, inde per Rivadmarca, Odeldinga et Gasmaringa et inde per confinia usque inde Ophanpol." Comme on voit, le roi était suzerain de cette marche, *marca fisco nostro;* elle comprenait deux autres petites marches, celle de Gasmaring et celle de Rivad; elle embrassait tout le val de Lièpvre, jusqu'à l'Allemand-Rombach; elle consistait principalement en forêts, *loca sylvestria.* „Ainsi, tous les lieux susdits, les marches, les confins, le tout dans les limites indiquées, avec la pêche et la chasse aux oiseaux, nous l'accordons à ces saints lieux pour le bien de l'Église,

[1] La Lièpvre qui se jette dans la Scheer.
[2] Le Petit-Rombach.
[3] Le Grand-Rombach.
[4] L'Allemand-Rombach.
[5] Le hameau de Hingrie.
[6] Stampemont, bourg d'Alsace près Colroy.

et nous ordonnons que partout dans ces limites, le monastère jouisse des pâturages pour le bétail, et nous voulons que personne parmi nos sujets, ni aucun pouvoir judiciaire ne puisse jamais inquiéter cette maison de Dieu ni ceux qui la gouvernent.... et qu'il plaise aux serviteurs de Dieu d'implorer la miséricorde de Dieu pour nous, notre épouse et nos enfants. Et, pour donner plus d'autorité à ce diplôme, nous y avons apposé le cachet de notre anneau. Fait à Duren... CHARLES...."

Par les bulles nos 38 et 39 le Saint-Père accordait à l'abbé Fulrade le privilège de porter certains insignes, réservés aux grands du royaume. Ces insignes étaient une distinction tellement personnelle à Fulrade que le Pape ordonna qu'à sa mort ils fussent mis, avec son corps, dans le tombeau, „*imo, cum obire contigerit eadem indumenta tecum cohumari decernimus*". Par ces mêmes bulles Fulrade reçut le privilège d'avoir six diacres à l'autel lorsqu'il officiait solennellement.

Enfin la bulle no 40 donne à l'abbé de Saint-Denys la jouissance d'un hospice avec un jardin situé à Rome; cette donation est confirmée par le Pape Adrien Ier.

La charte no 41 confirme l'abbaye dans ses droits sur la foire de Saint-Denys contre de nouvelles réclamations du seigneur Gérard, comte de Paris.

La charte no 42 nous apprend qu'un seigneur et comte Chrodard a vendu à Fulrade des terres situées *in ducatu Allamannorum in pago Brisaga-*

viensi. La charte a été rédigée en Alsace, Marlejæ (Marlenheim) en 765. Cette charte est citée par Schœpflin, t. III, p. 348. (V. pag. 50.)

Le n° 43 est une riche donation d'un seigneur Adalhard. Ce document est remarquable par la vénération que ce seigneur professait pour Fulrade qu'il appelle saint et vénérable, et par l'esprit de piété qui y règne. Nous citons littéralement : „Ego in Dei nomen Adhalardus, recogitans se pro animæ suæ salutis remedium ac æterna retributionem Dominus cum in aliquantum de culpas suas eminuare dignetur, dono *res meas in integrum*, donatumque in perpetuum esse volo". La donation devait être considérable à en juger par l'énumération des nombreuses terres qu'elle comprenait. Elle est datée de l'année 766.

N° 44. Nous avons parlé plus haut de cet intéressant document. Nous avons donné le texte latin en entier, à cause des localités qui y sont nommées et que l'Alsacien Widon avait données à Fulrade. La charte a été rédigée dans l'abbaye de Saint-Denys et signée par Pépin en octobre 768.

Au n° 56, pièces justificatives de Félibien, se trouve le texte latin du Testament de Fulrade. Nous avons cité ce document au chapitre XVII, où il est question de la mort de Fulrade (pag. 81 et suiv.).

APPENDICES

I.

Dévotion des Rois de France pour saint Denys.

Culte rendu aux saintes reliques.

(Cf. chap. III.)

Depuis la fondation de la monarchie française, nos rois ont toujours professé une grande dévotion pour l'apôtre des Gaules. Sainte Clotilde l'inspira à Clovis 1er après qu'il se fut converti au christianisme. C'est à ce roi qu'on fait remonter le cri de guerre : *Montjoie-Saint-Denys*. Clotaire II, très irrité contre son fils Dagobert, lui accorda le pardon que celui-ci lui avait demandé au nom de saint Denys. Nous avons vu que Dagobert a bâti une superbe basilique à l'honneur de l'apôtre de la France; qu'il épuisa ses trésors pour l'orner, et qu'il chargea saint Eloy, le plus célèbre artiste de ce temps, de faire trois châsses d'or fin, enrichies de pierres précieuses, pour y conserver les reliques de saint Denys, de saint Rustique et de saint Éleuthère. Il consacra tout son royaume à saint Denys, ne voulant plus le tenir qu'en fief de ce saint patron. En foi de quoi, il mit sur l'autel sa couronne et quatre besans d'or, comme un tribut qu'il lui devait en qualité de vassal.

Pépin-le-Bref avait une telle vénération pour saint Denys, qu'il ne se croyait pas digne d'être enterré dans l'intérieur de la basilique : il choisit donc pour lieu de sa sépulture le parvis du temple, imitant en cela le grand Constantin qui, selon le témoignage de saint Jean Chrysostome, voulut être inhumé sous la porte d'une église, où se trouvaient des reliques de saint Pierre.

Charlemagne n'aurait pu donner une meilleure preuve de sa piété envers saint Denys que par la construction d'une nouvelle basilique, qui surpassât en richesse et en beauté celle de Dagobert.[1] Avant de se rendre à Aix-la-Chapelle, peu de temps avant sa mort, il mit son vaste empire sous la protection de saint Denys.

Louis-le-Débonnaire, écrivant à l'abbé Hilduin, lui parle des grâces sans nombre que les souverains, ses prédécesseurs, avaient obtenues par l'intercession de saint Denys, et déclare que c'est par le secours du grand apôtre des Gaules qu'il a recouvré son royaume dont les

---

[1] Il voulait avoir des reliques de saint Denys avec lui dans toutes ses expéditions, espérant obtenir la victoire sous une si puissante protection. D. FÉLIBIEN, p. 63.

princes, ses enfants, l'avaient dépossédé. Il fit présent à l'abbaye des ouvrages écrits en grec et attribués à saint Denys l'aréopagite, qu'il avait reçus de l'empereur d'Orient Michel-le-Bègue, à savoir : les Livres de la *Hiérarchie céleste et ecclésiastique*, un Traité de la *Théologie mystique*, et un autre des *Noms divins* avec plusieurs lettres. L'abbé Hilduin reçut ces précieux écrits comme un don du ciel la veille de la fête de saint Denys, et il dit dans sa lettre à l'empereur que la nuit suivante plusieurs malades ont été guéris miraculeusement.

Charles-le-Chauve ne se fit pas moins remarquer que son père par sa profonde confiance en saint Denys, ne manquant jamais de recourir à sa puissante intercession dans toutes les affaires importantes. Il fit des dons considérables à l'abbaye, en reconnaissance des victoires remportées sous la protection du saint patron.

Robert-le-Pieux, dans un acte de plusieurs donations considérables faites à l'abbaye, exprime toute sa confiance dans l'intercession de saint Denys et de ses compagnons de martyre, déclarant qu'il ne les a jamais invoqués en vain.[1] Ce roi, à l'imitation de ses prédécesseurs, avait une maison dans l'enceinte de l'abbaye. Aux jours de fête il aimait assister aux offices dans ce sanctuaire, le plus célèbre de la France pour la magnificence du culte et la beauté du chant. Orné

---

[1] FÉLIBIEN, p. justif. n° 997, où on lit : *Beato Dionysio magno Apostoli Pauli discipulo et, ut audiendo et experiendo didici, magno Regum Francorum patrono.*

des insignes royaux, revêtu d'un riche manteau en forme de chape, il se plaçait à côté du grand chantre et dirigeait lui-même le chœur. On le croit l'auteur de la belle prose *Veni sancte Spiritus*, qui se chante le jour de la Pentecôte.

Mais c'est surtout Louis-le-Gros qui se distingua parmi tous les rois par sa profonde vénération pour les glorieux martyrs. Ce prince ne croyait pas manquer à la dignité d'un roi de France en présentant ses épaules pour porter les saintes reliques dans les grandes solennités. Il fit construire en l'honneur des glorieux martyrs une église et un monastère sur la colline même qui avait été arrosée de leur sang. Des religieuses de l'ordre de Saint-Benoît furent installées dans cette maison, dont le gouvernement fut confié à des abbesses, illustres par leur naissance et plus encore par leur sainteté. Le Pape Eugène III, qui avait été disciple de saint Bernard, vint bénir cette église qui reçut le vocable de saint Pierre; et pendant cette cérémonie, qui eut lieu le lundi de Pâques, 21 avril 1147, il fut assisté de saint Bernard comme diacre, et de Pierre-le-Vénérable, abbé de Cluny, comme sous-diacre. C'est dans cette abbaye que la reine Adèle se retira après la mort du roi, pour y finir ses jours.

Ces exemples furent suivis par Louis VII dit le Jeune, qui avant de marcher contre les Sarrasins, alla au tombeau de saint Denys le prier de bénir ses armes; puis il se fit donner l'oriflamme qui était portée à la tête de son armée. Il existe encore une partie de cette antique église de saint Pierre. C'est dans ce sanctuaire que saint Ignace et ses compagnons ont fait vœu de se consacrer à Dieu et au salut des âmes. C'est sur cette colline, arrosée du sang de saint Denys, que nous voyons aujourd'hui s'élever une magnifique basilique en l'honneur du Sacré-Cœur.

Philippe Auguste attribua à la protection de saint Denys le succès de sa croisade. Aussi son premier acte, en revenant en France, fut d'aller à Saint-Denys rendre grâces à Dieu et au glorieux martyr. Nous parlerons plus loin des splendides cérémonies qui eurent lieu quand ce roi vint prendre l'oriflamme avant de partir pour la Terre-Sainte.

Quand Louis IX eut reçu l'onction royale, il vint à Saint-Denys faire hommage de sa couronne au patron de la France, en la déposant sur son tombeau. Il venait tous les ans passer la fête de saint Denys dans l'abbaye. Toute la nuit l'église retentissait des louanges du saint martyr. Quand les religieux avaient fini de chanter matines, le saint roi, précédé de la croix et de ses aumôniers, se rendait solennellement devant l'autel du chevet, où reposaient les corps des saints martyrs, pour se mettre lui et son royaume sous sa protection. Le roi était si exact à cette fête que si quelque affaire pressante l'en empêchait, il ne manquait pas de satisfaire au plus tôt à cette dévotion. Enfin les nombreux monuments funèbres qu'on voit encore aujourd'hui dans notre splendide basilique, sans parler de ceux que la fureur révolutionnaire a détruits en 93, ne sont-ils pas un éclatant témoignage de la piété des rois de France pour saint Denys, puisque c'est près de ses vénérées reliques qu'ils ont voulu reposer?

Ils sont loin de nous ces temps de foi vive, où ceux, à qui était échue la mission si difficile de gouverner, croyaient encore avoir besoin du secours de Dieu et de l'intercession des saints pour remplir exactement leurs graves devoirs, et donnaient ainsi au peuple l'exemple du respect de la religion et de leur foi aux dogmes et aux préceptes du saint Évangile. — Ils ne sont plus ces temps où le peuple voyait dans la majesté royale comme un reflet de celle de Dieu, et regardait l'obéissance comme un devoir de conscience, se rappelant que tout pouvoir vient de Dieu, comme dit l'apôtre; que résister aux puissances établies, c'est résister à Dieu lui-même; que d'ailleurs les droits des faibles avaient une garantie contre les abus du pouvoir dans l'autorité du Souverain Pontife universellement reconnue. Oui les temps sont bien changés : le système de laïcisation, c'est-à-dire d'irréligion, a fait irruption dans la société moderne; l'idée de Dieu est écartée de toutes nos institutions, de la politique, de l'instruction publique, de l'armée, des salles de justice, sous le prétexte hypocrite de la liberté de conscience, pendant que les doctrines les plus impies, les plus subversives de l'ordre social sont officiellement répandues par les mille voix de la presse, égarant les intelligences et pervertissant les cœurs.

Qu'on lise la statistique progressive des crimes, et l'on verra que nous n'exagérons rien. Aussi les derniers Pontifes de Rome n'ont-ils pas manqué d'avertir fréquemment les peuples et ceux qui les gouvernent des graves dangers, qui menacent la société civile plus encore que la religion, si l'on ne met bientôt un frein à la propagande impie des sectaires qui ont juré la destruction du catholicisme.

Ce qui prouve encore combien le culte de saint Denys était devenu populaire en France, c'est le grand nombre de villes et de villages qui portent le nom de l'apôtre de la Gaule. Le dictionnaire de géographie en nomme jusqu'à soixante-sept, sans parler des paroisses bien plus nombreuses qui ont choisi saint Denys pour patron. Si dans le canton d'Erstein (Alsace), qui est limitrophe des anciennes propriétés de Fulrade, il y a deux paroisses, Limersheim et Gerstheim,[1] qui honorent saint Denys comme patron, c'est sans doute à cause des fréquents rapports qui existèrent au huitième siècle, entre ces villages et les prieurés fondés par l'abbé Fulrade, à Saint-Hippolyte et à Lièpvre; mais le culte du grand apôtre s'étendit bien au delà des frontières de la France. Saint Trutbert, missionnaire des Frisons, le bienheureux

[1] Limersheim fut donné au prieuré de Lièpvre par Charles-le-Chauve en 847 (SCHŒPFLIN-RAVENEZ, tom. III, p. 437). Shæffersheim appartenait aussi à l'abbaye de Saint-Denys. Ce village figure dans le testament de Fulrade sous le nom de Scafferishaim (SCHŒPFLIN RAVENEZ, tom. III, p. 504).

Notger, évêque dans les Pays-Bas, sainte Edithe, sœur de saint Edouard, roi d'Angleterre et martyr, firent bâtir de magnifiques églises en son honneur. Un autre saint Edouard, aussi roi d'Angleterre et confesseur, fit don à l'abbaye de Saint-Denys de terrains fort considérables, situés dans le comté d'Oxford.

L'Oriflamme.

L'Oriflamme a joué un trop grand rôle dans l'histoire de France, pour que nous n'en disions ici quelques mots. Les historiens ne s'accordent pas sur son origine : d'après une pieuse légende, elle remonterait à Clovis Ier à qui l'on attribue ce cri de guerre : *Montjoie Saint-Denys*, c'est-à-dire je ne connais plus Jupiter, mon Jupiter c'est saint Denys. Quelques auteurs font remonter cette bannière à Dagobert Ier, d'autres à Clovis II; ce qui est certain, c'est que les rois et les peuples l'avaient en grande vénération et lui attribuaient une vertu spéciale, la protection de saint Denys. Dans les temps de grande calamité publique, elle était exposée avec les saintes reliques de l'apôtre de la France. Les rois, avant de partir pour la croisade ou pour une guerre, venaient à l'abbaye implorer la protection de saint Denys et prendre l'Oriflamme. Le cérémonial était toujours le même. Voici la description que nous donnent les historiens de la levée de cet étendard sous le roi Philippe-Auguste avant son départ pour la croisade.

C'était le 24 juin 1190 : la fête ayant été annoncée longtemps d'avance, il y eut une affluence extraordinaire de personnes de tous les rangs de la société ; la ville de Saint-Denys était en fête. Le roi Philippe-Auguste s'était enfermé, dès la veille, dans l'abbaye pour s'y préparer dans le recueillement du cloître à la solennité du jour ; et cette solennité n'était pas seulement la fête de Monseigneur saint Jean-Baptiste, mais la levée de l'Oriflamme. Le roi, croisé depuis deux ans, touchait au jour de son départ et venait commettre à la garde du plus digne, du plus loyal, du plus vaillant d'entre ses vassaux, l'enseigne qui devait rallier les armées chrétiennes aux champs de bataille de l'Orient. La journée s'était levée splendide sur les pompes qui allaient se déployer. Avant 9 heures, la grande porte de la basilique s'ouvrant sur le cloître livrait passage à la communauté tout entière, revêtue de ses plus somptueux ornements de chœur, s'avançant sur deux longues files, précédée des insignes accoutumés. Sa marche, conduite par le grand chantre, était fermée par le digne abbé Hugues de Foucaut, entouré de ses dignitaires, des grands vassaux de l'abbaye, de ses grands officiers laïques, et de tout ce qui composait sa maison. Des flots d'encens remplissaient les nefs ; un chœur où les voix des enfants s'unissaient au chant grave des religieux, faisait monter jusqu'à la voûte ces modulations angéliques, connues du seul sanctuaire de Saint-Denys. Déjà les acclamations de *Noël*, suivies d'un silence plein d'émotion, avaient annoncé l'arrivée de Philippe-Auguste. Le roi franchit le seuil de la basilique, suivi des princes, des barons, et des plus nobles seigneurs de tout le royaume. La plupart portaient comme lui et laissaient voir sur leur épaule le signe de leur pèlerinage prochain.

Reçu par la communauté à l'entrée du cloître, le cortège entra sous ses voûtes à la suite des religieux et disparut bientôt sous ces pompeuses galeries. Il en fit le tour à pas lents, remonta dans la basilique, et arrêta sa marche devant l'autel des saints martyrs. Le roi s'agenouilla sur le marbre, au pied du mausolée antique, se dépouilla de sa couronne, ôta sa ceinture et son chaperon, laissa rassembler par derrière et relever ses longs cheveux. Après quelques instants, donnés au recueillement et aux oraisons solennelles, il reçut des mains des deux plus jeunes novices, pour les déposer sur le maître-autel, les châsses qui contenaient les reliques. Une messe solennelle commença aussitôt au chœur pour implorer de Dieu le succès des armes françaises, et l'heureux retour des croisés. Tous les fronts durent s'incliner, quand on vit le roi, dévoué à tous les périls d'une expédition hasardeuse et d'une traversée lointaine, s'avancer dans le sanctuaire pour recevoir la sainte Communion. Le noble comte désigné pour porter l'oriflamme, vint la recevoir après lui.

Le saint sacrifice achevé, l'étoffe de l'oriflamme, détachée de sa hampe et ployée, fut apportée avec respect par le religieux chevecier, et placée sur les corporaux restés étendus sur l'autel. Alors une voix lente et grave rompit le silence; c'était celle de Guillaume, archevêque de Reims, oncle maternel de Philippe, qui présidait avec l'abbé cette auguste cérémonie : „Seigneur, disait-il, incline tes oreilles aux prières de notre humilité, et par l'intercession du benoist Michel, ton archange, et de toutes les vertus célestes, donne-nous l'ayde de ta dextre, afin que comme tu as bény Abraham triomphant contre les cinq Roys, et le Roy David exerçant les progrès triomphaux en la louange de ton nom, ainsi il te plaise bénir et sanctifier ceste enseigne, laquelle est portée pour la deffence de la saincte Église, contre la rage des ennemis, à ce qu'en ton nom les fidèles et défenseurs du peuple de Dieu qui la suivront, se resjouyssent d'avoir acquis triomphe et victoire des adversaires, par vertu de la saincte croix et de celuy qui vit et règne avec le Père et le Sainct-Esprit par tous les siècles des siècles." Le prélat se tut et recula de quelques pas vers l'angle du pallier élevé où posait le pied de l'autel. Le roi, qui était demeuré jusqu'à ce moment prosterné, se leva, franchit la distance qui le séparait du pallier, en monta les marches, reçut des mains de l'archevêque l'écharpe croisée, le bourdon et la panetière, marques de son pèlerinage, ensuite il prit de sa propre main l'oriflamme. „Dieu, reprit alors une grande voix, celle de toute l'assistance, par sa grâce et par les prières de nostre glorieux patron, monsieur Sainct Denys nous doint avoir noble victoire de tous nos ennemis!" Le roi baisant alors sur la bouche le comte resté à genoux, lui remit la noble bannière, et reçut de lui le serment accoutumé en ces termes : „Je jure et promets sur le précieux corps de Jésus-Christ, sacré cy présent, et sur le corps de monseigneur Sainct Denys et ses compagnons, qui cy sont, que moi, loyalement en ma personne tiendray et gouvernerai l'oriflambe du roi monseigneur qui cy est, à l'honneur et profit de luy et de son royaume, et pour doute de mort, ni autre aventure qui puisse venir, ne la délaisseray, et feray partout mon devoir comme bon et loyal chevalier doibt faire envers son souverain et droicturier seigneur."

Le comte s'était levé et restait immobile, tenant devant lui l'oriflamme dans une attitude de pieux respect. Les barons et les seigneurs du royaume s'approchèrent alors en ordre et vinrent chacun à son rang baiser (comme reliques et choses dignes), l'enseigne vénérée sous laquelle ils allaient marcher. Le porte-oriflamme passa ensuite la bannière autour de son cou (en esquierpe), ou en laissant pendre les extrémités de côté et d'autre pour la porter devant le roi jusqu'au moment de son départ, s'engageant à la rapporter après la victoire si Dieu le daignait octroyer. Les fiertes (châsses), après avoir été élevées sur la tête du roi, comme pour appeler sur lui les bénédictions les plus éclatantes, furent reportées, avec le cérémonial observé pour les retirer, sous la voûte où elles devaient reposer encore six siècles.

On le voit, l'oriflamme était devenue la bannière nationale comme la chape de saint Martin ; mais cette dernière devint plus tard simple emblême ecclésiastique, tandis que l'oriflamme conserva toujours son caractère de drapeau national.

Nos rois chrétiens, en marchant ainsi sous l'étendard de saint Denys, témoignaient leur confiance en sa protection, et les événements ont prouvé que leur confiance n'était pas vaine.

II.

L'Abbé Hilduin et l'Aréopagitisme.

(V. Chap. X, p. 50 et suiv. et Append. I, p. 134 et suiv.).

Parmi les souverains de France qui se sont fait remarquer par leur dévotion envers saint Denys, nous avons nommé Louis-le-Débonnaire. Rappelons-nous que ce prince avait reçu de l'empereur de Constantinople, Michel-le-Bègue, les ouvrages attribués à saint Denys l'aréopagite; qu'il en fit don à l'abbaye; que Hilduin les reçut comme un présent du Ciel, et que la nuit suivante dix-neuf malades furent miraculeusement guéris. Dans une lettre de Louis à Hilduin, ce prince relate tous les bienfaits que lui et les rois ses prédécesseurs ont obtenus par l'intercession du grand patron de la France; en reconnaissance de ces grâces, il charge Hilduin d'écrire la vie de saint Denys, après avoir consulté les manuscrits grecs et latins, les chartes, la tradition et les documents les plus authentiques, afin de faire une œuvre exacte et digne de foi. C'est pour répondre au vœu de l'empereur que l'abbé Hilduin composa ses *Aréopagitiques*, ainsi appelées parce que l'auteur s'attache surtout à prouver que le premier évêque de Paris n'est autre que l'aréopagite saint Denys, le glorieux disciple de saint Paul. Hilduin n'inventait rien : il n'a fait que constater la tradition qui existait longtemps avant lui, et qui s'est propagée à travers les siècles, jusqu'à l'époque où il s'est trouvé un pamphlétaire du nom de Launoy, qui a osé attaquer l'honneur d'Hilduin, l'accusant d'imposture, et lui reprochant d'avoir inventé une opinion qu'il taxe de rêve et de fable absurde. Cette calomnie, qui a eu un certain nombre de partisans, surtout parmi les protestants et les jansénistes, se trouve victorieusement réfutée par l'abbé Darras dans son remarquable ouvrage : *Saint Denys l'aréopagite, premier évêque de Paris,*[1] dont nous conseillons la lecture à toutes les personnes que cette question intéresse. Nous donnerons une analyse rapide de ce livre, qui est ce qu'il y a de plus complet et de plus péremptoire sur la question. Mais nous tenons avant tout à faire connaître à nos lecteurs l'abbé Hilduin. Ils jugeront eux-mêmes si un tel homme eût été capable d'une œuvre plus que téméraire, cherchant à tromper ses contemporains par l'émission d'une opinion qu'il aurait su lui-même être fausse.

I.

Comme saint Fulrade, Hilduin est une des plus grandes figures de son temps. Issu de parents nobles, allié à la famille royale, il fut élevé à

[1] Chez L. Vivès, rue Delambre, 5. Paris, 1863.

l'École palatine, encore dirigée par le célèbre Alcuin, dont il fut un des plus brillants élèves.[1]

Il s'y lia d'une étroite amitié avec Raban Maur, qui fut plus tard évêque de Mayence; avec Lupus, abbé de Ferrières, et saint Agobard, archevêque de Lyon.[2] Sa naissance, ses talents et sa fortune lui assuraient une position des plus honorables dans le monde; il préféra se consacrer au service de Dieu en se faisant moine. Ses éminentes qualités le désignèrent au choix des religieux pour le gouvernement de l'abbaye. Les félicitations qu'il reçut, à cette occasion, des hommes les plus distingués, sont la preuve de la haute estime dont il jouissait. Le docte Raban Maur, en lui dédiant son *Commentaire sur les livres des Rois*, s'exprime ainsi : „La vénération que vous inspirez est générale; elle exerce les effets les plus salutaires sur un grand nombre d'âmes, et j'adresse à Dieu de continuelles prières, pour que Sa Clémence assure encore de longues années à Votre zèle, et le couronne enfin d'une récompense éternelle dans les cieux. Les livres que je vous envoie m'ont attiré quelques critiques; mais si vous les approuvez, votre appréciation charitable fera plus pour m'encourager dans mes études que l'envie ne pourrait faire pour m'en détourner. Si vous accueillez avec indulgence ces modestes productions, je continuerai, avec la grâce de Dieu, de travailler sur quelque sujet utile et je m'empresserai

---

[1] *Notitia historica in Hildhuinum.* Patrol. lat. T. civ, col. 1.

[2] Ibid.

d'envoyer ces nouveaux ouvrages à Votre Sainteté".[1] Ce témoignage rendu à la science et à la vertu d'Hilduin, de la part d'un homme aussi éminent que Raban Maur, devrait suffire pour venger l'abbé de Saint-Denys des calomnies de ses adversaires. Nous ajouterons encore celui de Lupus, abbé de Ferrières. Louis-le-Débonnaire venait d'élever Hilduin à la dignité d'archichapelain du Palais et de grand-aumônier, quand Lupus lui adressa ses félicitations dans les termes suivants:

„Le souvenir de notre vie commune et de notre amitié d'adolescents me revient à la mémoire. Je sais que la noblesse de votre caractère et la probité de vos mœurs sont au-dessus des faveurs de la fortune et résistent à ses caresses. Je vous écris donc aujourd'hui avec la même familiarité qui présidait à nos entretiens d'autrefois. C'est pour étendre ses bienfaits à un plus grand nombre que le Dieu tout-puissant vous confie la distribution des aumônes royales. Pour moi, qui vous aime uniquement et qui n'ai de consolation que dans cette amitié, je compte que la dignité nouvelle, dont vous êtes revêtu, vous sera d'autant plus longtemps conservée, que vous l'exercerez avec toute la charité d'un ministre de Dieu."[2]

Plus tard, dans une lettre que ce véritable ami adresse à Hilduin, il l'appelle un modèle de noblesse, de dignité et de modestie. Nous pourrions

---

[1] Rabani Mauri *Commentaria in libros IV Regum.* Praef. p. 142.

[2] Lupi *abbatis Ferrariensis epist.* Patrol. lat. T. cxix, col. 371-72.

multiplier les témoignages qui prouvent l'estime universelle dont le vénérable abbé jouissait. Ceux que nous venons de citer suffisent au lecteur pour savoir ce qu'il faut penser des violentes déclamations de Launoy sur l'ignorance, l'hypocrisie, et l'esprit d'intrigue d'Hilduin.

C'est à Hilduin, son archichapelain, que Louis-le-Débonnaire confia les missions les plus honorables. Des troubles ayant eu lieu à Rome à l'occasion de l'élection d'Eugène II au Pontificat suprême, l'empereur chargea Hilduin, en qualité de conseiller, d'accompagner le roi Lothaire à Rome pour comprimer le mouvement séditieux et assurer la liberté du Souverain-Pontife. L'archichapelain justifia pleinement la confiance de Louis par la sagesse avec laquelle il se conduisit dans cette affaire. La paix ayant été rétablie, le roi Lothaire, pour prévenir le retour de pareils troubles, publia un certain nombre d'ordonnances et de sages règlements dont la composition est attribuée à Hilduin. Aussi le Saint-Père tint-il à lui exprimer par de riches présents toute sa satisfaction et sa reconnaissance.

Dans les démêlés de l'empereur avec ses fils, Hilduin avait embrassé le parti de ces derniers, ce qui lui attira la disgrâce du père qui l'envoya en exil; mais l'abbé ayant reconnu ses torts, il rentra en grâce auprès du souverain qui le rappela et le rétablit dans toutes ses dignités.

C'est l'abbaye de Corbie, en Saxe, qui avait donné l'hospitalité à Hilduin pendant l'année de son exil. En reconnaissance de cet acte de charité, l'abbé de Saint-Denys fit présent à ce monastère du corps de saint Guy que Fulrade, son prédécesseur, avait obtenu du Pape Étienne III.[1]

Un des principaux mérites de l'abbé Hilduin est d'avoir fait revivre dans son monastère la régularité, la ferveur et la discipline des premiers fidèles de l'Église. Les réformes qu'il introduisit furent solennellement approuvées par le Concile de Paris (832), et le décret impérial qui les confirme en rapporte tout l'honneur au *vénérable Hilduin, ce sage et pieux abbé. Venerabilem prudentemque virum Hilduinum religiosum abbatem*.[2]

Un autre fait prouve la haute piété de l'abbé Hilduin : c'est sous lui et principalement par ses soins, que se forma une association de prières entre les divers monastères de saint Benoît.

Dans un ancien document du monastère de Reichenau, où sont nommées les abbayes qui faisaient partie de cette association, celle de Saint-Denys figure la première. Il y est question aussi des monastères de Saint-Remy de Reims, de Saint-Ouen de Rouen et de quelques autres. — Dom Félibien nous a conservé un document dans lequel les abbés et les religieux des monastères de Reims et de Saint-Denys se promettent réciproquement une constante amitié, une assistance réciproque et des prières pour le repos de l'âme de ceux qui meurent.[3] „Primum volumus ut talis inter nos fervor caritatis et tanta vis dilectionis maneat, ac si in uno, si fieri posset, conversare-

---

[1] D. Félibien, p. 77. — Cf. p. 51 et suiv.
[2] *Gallia christ.*, Notit. in Hild. Patrol. lat. T. cvi, col. 2.
[3] D. Félibien, p. 79, charte n° 77.

mur loco. De cætero ut quando aliquis ex ipsis corporis nexibus absolutus a sæculo migraverit, unusquisque nostrum infra triginta dies psalterium pleniter compleat et sacerdotes nostri missas eidem psalterio congruentes pro eo celebrare studeant. . ." Suivent les signatures des abbés Hilduin et Foulques et de tous les religieux des deux monastères. (An. 838).

Hilduin gouverna l'abbaye de Saint-Denys de 815 à 842. Si l'on doit juger un homme par ses relations d'amitié, Hilduin a été un des hommes les plus distingués de son temps. Saint Agobard, archevêque de Lyon, dit de lui qu'il fut un très saint abbé. Il faut pourtant convenir qu'il doit sa grande célébrité historique à son ouvrage, les *Aréopagitiques*, qui a soulevé au dix-septième siècle une polémique des plus passionnées. Nous venons de voir que toute la vie de Hilduin proteste contre l'accusation de supercherie, qui a été portée contre lui. Nous allons maintenant aborder directement la question de l'aréopagitisme.

II.

Cette question se pose ainsi : saint Denys, premier évêque de Paris, est-il le même que le célèbre aréopagite, converti par saint Paul ?

Pour répondre, nous suivrons l'ordre qu'a observé l'abbé Darras dans son livre déjà cité : *Saint Denys, l'aréopagite, premier évêque de Paris*. Ce livre, lu avec attention, est fait pour porter la conviction dans les esprits les plus prévenus. Nous regrettons de ne pouvoir en donner qu'une courte analyse.

Pour procéder avec méthode, l'abbé Darras commence par prouver l'apostolicité des églises de France. Le christianisme a pénétré dans les Gaules dès les premiers temps de sa fondation. A l'appui de cette tradition, il cite les textes formels de Tertullien (170) et de saint Irenée. Le premier dit „que *déjà les diverses nations des Gaules: Galliarum diversæ nationes... les Germains, les Scythes, les nations les plus reculées adorent le crucifié;* [1] — et saint Irenée affirme *„que les églises qui ont été fondées en Germanie n'ont pas une croyance différente de celles qui existent chez les Celtes.*" Or, les Celtes, dit César,[2] sont le peuple que nous appelons Gaulois. — Suivent les témoignages explicites d'Eusèbe de Césarée, la lettre du Concile d'Arles au Pape saint Léon-le-Grand, en 440, constatant la croyance générale à cette époque de la mission de saint Trophime à Arles et les témoignages du Pape saint Zosime, d'Adon de Vienne, d'Usuard, de saint Cyprien, de Pierre-le-Vénérable en conformité avec la lettre du Concile d'Arles, enfin l'accord des traditions de l'Occident avec celles de l'Orient à ce sujet. — Parmi les savants qui ont victorieusement démontré l'apostolicité des églises de France, il faut surtout nommer M. l'abbé Faillon dans *Les Monuments inédits sur l'apostolat de Sainte-Marie-Madeleine*

---

[1] TERTULL. *adversus Judæos.* C. VII.

[2] *Comment. de bello Gallico.* Liv. I, c. 1.

en Provence;[1] puis les ouvrages plus récents de dom Chamard et de dom Piolin, etc.

L'abbé Darras examine et discute le fameux texte de saint Grégoire de Tours, dont les adversaires de l'aréopagitisme se sont fait une arme principale contre cette tradition. Saint Grégoire de Tours dans son *Histoire de France*, parle de sept évêques qui sont venus fonder des églises dans la Gaule sous le consulat de Dèce en 250, et il nomme saint Denys parmi ces premiers missionnaires. Puis il cite la *Passion* de saint Saturnin comme attestant ce fait. Or, les actes de saint Saturnin dont parle saint Grégoire de Tours, nous les avons encore; ils ont été publiés par dom Ruinart, et ils ne disent un mot de la mission des sept évêques. Cette première erreur de la *Chronique* de saint Grégoire nous montre déjà quelle valeur il faut y attacher. — D'après un monument inédit que l'abbé Faillon a découvert dans la Bibliothèque nationale de Paris, portant le n° 5537, il est question des sept évêques, „que saint Pierre a envoyés dans les Gaules pour y prêcher la foi. Ce furent Trophime, Paul, Martial, Austremoine, Gatien, Saturnin, *Valère* et plusieurs autres que saint Pierre leur avait adjoints". Ce monument de l'église d'Arles est clair; l'aspostolicité de nos églises y est nettement affirmée. Si le nom de saint Denys n'y est pas, c'est parce qu'il ne fut envoyé dans les Gaules que plus tard par le Pape saint Clément; mais nous y trouvons le nom de saint *Valère* qui devint évêque de Trèves.

[1] V. le *Père Lacordaire*, par M. DE MONTALEMBERT.

L'abbé Darras examine ensuite les actes des églises d'Arles, de Narbonne, de Limoges et divers martyrologes qui tous concordent parfaitement avec le monument inédit, découvert par M. Faillon, sur l'envoi des sept évêques par saint Pierre, et montrent clairement ce qu'il faut penser du fameux texte de saint Grégoire.

Nous ne suivrons pas l'abbé Darras dans le relevé qu'il fait des nombreuses erreurs historiques que renferme l'*Histoire de France*, par saint Grégoire de Tours. Mais nous citerons Mgr Freppel:[1] „L'histoire de saint Grégoire n'a paru qu'après sa mort, on ne sait à quelle époque; rien n'empêchait par conséquent les copistes d'y faire des changements, d'y ajouter des détails, d'autant plus faciles à glisser dans le corps de l'ouvrage que le style en est absolument dépourvu de couleur, de correction et d'originalité. Et pourquoi se serait-on fait scrupule d'altérer la *Chronique?* Ce n'était pas livre d'évangile, c'est un amas confus d'anecdotes et de contes racontés de manière à faire impression sur des esprits grossiers et à éveiller en eux le sens chrétien. . . On a dit:[2] quand même la chronique de Tours contiendrait des détails faux, l'auteur du moins *voulait* dire la vérité. Le P. Damberger[3] croit au contraire que l'auteur, sans beaucoup se soucier de

---

[1] *Saint-Irénée*, par Mgr FREPPEL. Paris, Ambr. Bray, rue des Saints-Pères. 66. — Cf. *Revue cath. de l'Alsace*, an. 1862, p. 247.

[2] *Synchronistische Geschichte der Kirche und der Welt*. T. 1er, *Kritikheft*, p. 103.

[3] Ouv. cit., *Kritikheft*, p. 105.

l'exactitude des faits, avait pour principal but d'instruire les princes et de leur inspirer, par le tableau des vengeances célestes, l'horreur du crime, de la débauche et de l'impiété. Il y a dans saint Grégoire évidemment beaucoup de traits qui ont été recueillis dans cette intention." La conclusion est que le texte de saint Grégoire ne peut être considéré comme ayant une valeur chronologique.

La question de l'apostolicité des églises de France a été assez clairement démontrée par les auteurs les plus compétents, pour que nous la jugions résolue. Nous allons maintenant examiner l'époque où saint Denys a eu sa mission — et si le premier évêque de Paris est le même que l'aréopagite.

Si la date (250), assignée par saint Grégoire de Tours à la mission de saint Denys, est la véritable, nous devons nécessairement la retrouver dans quelques documents qui ont précédé ou suivi cette époque : dans les actes de saint Denys, dans les martyrologes, les diplômes des rois, les offices liturgiques, les cartulaires des abbayes, les historiens laïques ou ecclésiastiques. Or, *aucun* de ces documents, *aucun* écrivain antérieur ou postérieur à saint Grégoire jusqu'au calviniste Launoy; *aucun* monument de la tradition romaine, grecque, gallicane, germanique, ne s'accorde avec l'assertion de l'évêque de Tours. Nous prouverons au contraire que *tous* les documents nommés plus haut s'accordent à dire que c'est par Clément, disciple de saint Pierre, que saint Denys fut envoyé prêcher la foi dans les Gaules. Citons d'abord les témoignages antérieurs à saint Grégoire. Nous avons le texte de la vie de sainte Géneviève (cinquième siècle), reconnu authentique par les Bollandistes; les actes de saint Denys (cinquième siècle), publiés par la même Congrégation comme authentiques. On y lit : *Igitur S. Dionysius qui, tradente S. Clemente, Petri apostoli successore, Verbi divini semina gentibus eroganda susceperat. . . . Parisios, Domino ducente, pervenit.* Ces paroles sont absolument conformes à celles d'un manuscrit provenant de l'abbaye de saint Martial de Limoges, et à celles d'un Antiphonaire, exécuté pour l'église de Compiègne par ordre de Charles-le-Chauve, et cité par Mabillon. Parmi les nombreux témoignages du sixième siècle, contemporains de saint Grégoire de Tours, nous avons d'abord l'hymne de Fortunat, dont nous citons cette seule strophe :

> CLEMENTE *Roma præsule.*
> *Ab Urbe missus adfuit,*
> *Verbi superni numinis*
> *Ut esset fructus Galliæ.* [1]

et les Gesta Domni Dagoberti; au huitième siècle nous avons un diplôme de Pépin-le-Bref (728), dont l'authenticité est parfaitement démontrée; un autre diplôme dit de *Chelles*, publié par Mabillon. [2] Enfin le témoignage du Concile de Paris (823), antérieur à Hilduin, dit formellement que *saint*

---

[1] Patrolog. lat. T. LXXXVIII, col. 98.
[2] MABILLON, *De re diplomatica*. L. VI, in-fol. 681, p. 488.

Denys a été envoyé dans les Gaules par le bienheureux Clément, successeur de saint Pierre.[1]

Si maintenant nous passons aux actes de la vie de saint Denys et aux martyrologes, il se trouve que tous les actes grecs et latins, ceux de la bibliothèque nationale de Paris, au nombre de quatorze, sont unanimes à affirmer que saint Denys a été envoyé dans les Gaules par le Pape Clément (90—100). De même, les martyrologes de Bède et de Raban Maur, ceux d'Adon et d'Usuard, le martyrologe romain, enrichi de notes précieuses par le cardinal Baronius, tous ces martyrologes, d'accord avec les Actes *(Passions)*, donnent la même époque à la mission du premier évêque de Paris, et dans *tous* ces documents la date de 250 ne se trouve pas *une seule fois*. Ajoutons que la mission, donnée à saint Denys par le Pape Clément, a été victorieusement démontrée par le savant Mabillon, le P. Pagi, Noël Alexandre. Un tel ensemble de documents des plus authentiques, est un argument décisif qui renverse et met à néant la preuve principale de l'école de Launoy-Sirmond, celle qu'ils prétendent tirer du texte de saint Grégoire de Tours.

Aussi est-on à se demander comment il a été possible qu'une vérité aussi clairement prouvée ait pu trouver au dix-septième siècle une opposition violente. Mgr Darboy a donné l'explication[2] de ce fait dans l'introduction de son livre sur *Les*

[1] Mabill., *Vetera analecta*, p. 223.
[2] *Œuvres de saint Denys, l'aréopagite*, traduites du grec par l'abbé Darboy. Introd., p. XI et suiv.

Œuvres de saint Denys l'aréopagite. — „Depuis 300 ans, dit-il, des hommes se sont succédé qui ont semé le mensonge sur l'Europe; c'étaient les Calvinistes, les Jansénistes", — c'est grâce aux troubles religieux de cette époque que les pamphlets de Launoy ont pu être accueillis avec faveur. — C'est le moine Hilduin, dit Launoy, qui a inventé cette fable absurde de l'aréopagitisme. Nous allons démontrer que la tradition de saint Denys l'aréopagite remonte bien au-delà de Hilduin, qui par conséquent n'en pouvait être l'inventeur.

III.

Il est clair que si les adversaires de l'aréopagitisme pouvaient prouver que saint Denys, le premier évêque de Paris, n'est venu prêcher la foi dans cette cité qu'en 250, l'époque du fameux texte de saint Grégoire de Tours, ils gagneraient leur cause; car il est évident qu'en 250 l'aréopagite converti par saint Paul ne vivait plus. — Sentant la faiblesse de leurs arguments contre les innombrables témoignages qui assignent à la mission de saint Denys le premier siècle, ils ont eu recours à la calomnie et même aux injures, qui sont toujours la dernière ressource des mauvaises causes. Ils ont accusé Hilduin d'avoir inventé l'aréopagitisme; ils ont attaqué avec une violence inouïe l'honneur de cet abbé, cherchant à le faire passer pour un imposteur.

Nous avons fait connaître l'abbé Hilduin à nos lecteurs: les témoignages que donnent de son noble caractère, de ses talents et de sa piété les hommes les plus éminents de son temps. Toute la vie de ce religieux proteste contre une telle accusation. — Launoy et le P. Sirmond veulent trouver une preuve de leur accusation dans la lettre de Louis-le-Débonnaire à Hilduin, et dans la réponse de celui-ci, pour établir qu'il n'existe pas de tradition aréopagitique avant Hilduin. Or, la lettre de l'empereur suppose tout le contraire. En effet, il chargea Hilduin de recueillir dans les manuscrits grecs et latins l'histoire détaillée de saint Denys, de compulser les chartes très anciennes de l'Église de Paris; il y avait donc des chartes avant Hilduin. Il lui dit aussi de lire les livres que le saint avait composés lui-même en sa langue maternelle. Quels sont ces livres ? On n'a jamais entendu parler des écrits grecs laissés par un évêque de Paris, différent de l'Aréopagite. Il est impossible de ne pas reconnaître dans la lettre de Louis-le-Débonnaire la preuve de l'existence d'une tradition aréopagitique, antérieure à Hilduin. Cette tradition se trouve affirmée sous Pépin-le-Bref dans la lettre du pape Paul Ier. La lettre d'Hilduin à l'empereur dans le témoignage d'Enée, évêque de Paris, qui parle de saint Denys, disciple de saint Paul, confirment cette tradition. Nous sommes donc en droit de conclure que l'aréopagitisme n'a pas été inventé par Hilduin en 837.

La tradition aréopagitique antérieure à Hilduin peut-elle être prouvée par des documents authentiques ? L'abbé Darras répond à cette question en citant de nombreux témoignages, dont il démontre l'authenticité, tous en faveur de l'aréopagitisme. Les actes *latins* du 4e et du 5e siècle qui sont inintelligibles, à moins d'admettre l'identité de saint Denys, l'aréopagite, avec saint Denys, premier évêque de Paris; une hymne d'Eugène de Tolède (650) — dont l'authenticité est clairement démontrée par le P. Halloix et Hugues Ménard, et par un manuscrit trouvé dans la bibliothèque nationale de Paris. — On lit dans cette hymne ces paroles: „*Denys, le sage païen, la perle de l'aréopage d'Athènes — par ordre de Clément, le Pontife romain, envoyé dans les Gaules.*[1] — Hilduin la cite dans sa lettre à Louis-le-Débonnaire.

Un autre témoignage antérieur à Hilduin et d'une grande valeur, c'est une lettre d'Hincmar, archevêque de Reims, au sujet des actes de saint Sanctin de Meaux, lettre dont l'authenticité est reconnue par Mabillon, et confirmée par un manuscrit, provenant de la bibliothèque de Saint-Remy de Reims, et que l'abbé Darras découvrit sous le n° 5549 dans la bibliothèque nationale de Paris. Citons encore en faveur de notre thèse une lettre d'Anastase-le-Bibliothécaire adressée à Charles-le-Chauve. L'auteur de cette lettre dit qu'il a lu dans son enfance la *Passion* du saint martyr Denys l'aréopagite, qu'il l'a trouvée dans les archives du plus grand monastère de Rome — que le texte de cette *Passion* fut composé par saint

---

[1] V. le texte de cette hymne dans le livre de l'abbé DARRAS, p. 199.

Méthodius,[1] il en conclut que l'opinion de ceux qui disent que saint Denys de Paris n'est pas le même que l'aréopagite, doit tomber devant ce document.

Concluons donc avec l'abbé Darras :

„Nous avons les actes latins de saint Denys antérieurs à Hilduin de quatre siècles, une hymne de saint Eugène de Tolède, antérieure de trois siècles à Hilduin; les actes de saint Sanctin de Meaux antérieurs de deux siècles; la *Passion* de saint Denys par Méthodius, antérieure de vingt-cinq ans à l'auteur des aréopagitiques et extraite des vies plus anciennes : — tous ces documents confirment la croyance à l'aréopagitisme et l'on accuse Hilduin d'en être l'inventeur! La Cour de Constantinople partage cette croyance; cette tradition se retrouve dans la correspondance du Pape Étienne III avec Pépin-le-Bref, et l'on voudrait que Hilduin, en 837, en eût été le premier propagateur! S'il faut donner le nom de *fable* à une croyance appuyée sur des monuments si précis et si concluants, dont l'authenticité se confirmait à mesure qu'on cherchait à l'ébranler, nous demanderons à quoi pourra jamais s'appliquer le nom de *tradition!*"

IV.

Nous avons cité les nombreux documents, qui prouvent la tradition aréopagitique, antérieure à Hilduin. Cette même tradition se maintient à travers les siècles suivants, depuis l'auteur des aréo-

[1] DARRAS, p. 215.

pagitiques. Pour le prouver, nous avons d'abord le martyrologe de Wandalbert (842) contemporain d'Hilduin, moine de Pruym, retrouvé par M. l'abbé Arbellot dans le manuscrit n° 2832. On y lit ces mots : „Ce jour est célèbre par le triple, glorieux martyre de saint Denys. . . La Gaule honore en saint Denys son apôtre, le disciple de saint Paul, qui vint évangéliser ce pays avec deux autres ministres fidèles.[1]“ Le savant d'Achery a mis en note au bas de ce passage : „Wandalbert suit évidemment ici l'opinion vulgaire qui identifie l'apôtre de Paris avec le Denys dont il est fait mention dans les Actes. . . Quant à moi, il ne me paraît pas possible de rejeter, d'après la *seule* autorité de saint Grégoire de Tours, ce que Fortunat, évêque de Poitiers, a écrit et ce qu'en 823 les évêques des Gaules (réunis en Concile) ont attesté au sujet de la mission de saint Denys par le Pape saint Clément.“ D'Achery vivait en plein dix-septième siècle à l'époque où Launoy et son école combattirent l'aréopagitisme. — Dans son traité contre les Grecs, Enée, évêque de Paris, se dit successeur de *saint Denys l'aréopagite, apôtre des Gaules, envoyé de Rome par saint Clément.* Dans le même temps des évêques de France, réunis en Synode à Poissy (892), reconnaissent l'aréopagitisme comme la croyance unanime de la France, et un Concile de Liège proclame cette croyance comme étant la tradition de l'Allemagne et approuve les actes de saint Eugène de Tolède. Or, ces actes se prononcent formellement sur

---

[1] *Patrol. lat.* T. cxxi, col. 614.

l'identité de saint Denys, l'évêque de Paris, avec saint Denys, l'aréopagite.¹

Il serait facile de citer encore un grand nombre d'autres témoignages attestant la tradition aréopagite depuis le dixième jusqu'au dix-septième siècle : le lecteur les trouvera exposés dans le livre de l'abbé Darras. Les témoignages de l'*Église grecque* ne sont pas moins concluants. Nous mentionnons les *Ménées*, qui sont le martyrologe de l'Église grecque; la vie de saint Denys l'aréopagite par Michel Syncelle, prêtre de Jérusalem; ² la *Passion* de saint Denys par saint Méthodius, et celle qui est attribuée à Métrodore; le témoignage de l'historien Nicéphore; celui de Siméon Métaphraste. Tous ces documents grecs sont parfaitement d'accord avec ceux de l'Église latine pour affirmer que saint Denys l'aréopagite est le même que le premier évêque de Paris. Siméon Métaphraste, qui se fait l'écho de la tradition, telle qu'elle existe en Orient, dit „que saint Paul vint à Athènes, et qu'il y convertit le plus illustre des philosophes, le grand Denys : — ἀλλ' ἐφεπόμενον τὸν πρόεδρόν τε καὶ κορυφαῖον τῆς τῶν σοφιστῶν συμμορίας παραλαβών, τὸν μέγαν τοῦτον φῆμι Διονύσιον."
— Plus tard, comblé de bénédictions, saint Denys ne crut pas devoir restreindre à une seule ville (Athènes) le bienfait de son enseignement; il se rendit à Rome, où il trouva Clément assis dans la chaire apostolique, lequel lui confia la mission d'évangéliser les régions de l'Occident. „Saint

---

[1] *Acta s. Eug. apud Sur* T. vi.
[2] *Patrolg. græc.* T. iv, col. 621 et suiv.

Denys, accompagné de Rustique et d'Éleuthère, parvint à une cité nommée Paris, Αὐτὸς ἅμα Ῥουστικῷ καὶ Ἐλευθερίῳ, ἐν Παρισίᾳ λεγομένῃ τῇ πόλει γίνεται — où il eut la tête tranchée, et après lui Rustique et Éleuthère."

Ce témoignage de Siméon Métaphraste est d'une grande valeur, quand on sait de quelle autorité il jouissait dans tout l'Orient. Sa Passion de saint Denys l'aréopagite a été citée et affirmée par le Concile œcuménique de Florence.[1]

Les adversaires de l'aréopagitisme objectent un texte de Sulpice Sévère, où il est dit que ce fut *sous Marc-Aurèle, l'an 177 que l'on vit pour la première fois des martyrs dans les Gaules*. D'abord ce texte ne peut servir à leur cause, puisqu'ils prétendent, d'après saint Grégoire de Tours, que les premiers apôtres ne sont venus dans les Gaules qu'en 250. — Mgr Freppel fait voir[2] que le texte de Sulpice Sévère peut être entendu autrement qu'il ne l'a été par l'école Launoy, et que, eût-il été bien compris par eux, il ne pourrait prévaloir contre les affirmations de saint Irénée, de Tertullien, d'Eusèbe, de saint Épiphane, de Théodoret etc., etc. — D'ailleurs, le cardinal Bellarmin a relevé dans son livre : *De scriptoribus Ecclesiasticis* une liste des erreurs de Sulpice Sévère. Il dit : „sous le rapport du style, Sulpice est un des auteurs ecclésiastiques les plus éloquents; mais sous le rapport de la fidélité du ré-

---

[1] *Labbe S. Concilia, Conc. Florent.* T. xiii, col. 118.
[2] Dans son *Livre sur Saint Irénée*, p. 50—52.

cit, on rencontre dans ses œuvres des erreurs *importantes* et *nombreuses*".¹

Enfin Launoy et le P. Sirmond ont cru trouver un argument pour leur cause dans un passage du vénérable Bède et dans une lettre d'Abélard. Mais ils ont garde de dire que le vénérable Bède a plus tard reconnu son erreur, et qu'Abélard, qui avait embrassé le sentiment de Bède, fit sa rétractation dans une lettre à l'abbé de Saint-Denys.²

Résumons :

Il a été démontré que l'Évangile a été prêché dans les Gaules dès les temps apostoliques ; et que l'époque de la mission de saint Denys, premier évêque de Paris sous le Pape saint Clément remonte à la fin du premier siècle ; que la tradition qui affirme l'identité de saint Denys de Paris avec l'aréopagite, disciple de saint Paul, est de beaucoup antérieure au règne de Louis-le-Débonnaire. Cette antique tradition est constatée par les témoignages les plus authentiques de l'Eglise latine et de l'Église grecque. Nous avons cité saint Fortunat, évêque de Poitiers, saint Eugène, évêque de Tolède, le vénérable Bède qui est une grande autorité comme historien ; saint Siméon surnommé Métaphraste, saint Méthodius, patriarche de Constantinople, Michel Syncelle, prêtre de Jérusalem, Anastase, le bibliothécaire, et le Concile de Paris (825) dans sa lettre au Pape Eugène II. Nous avons montré qu'il n'existe aucune autorité

---

¹ *Bellarmin. Lib. de Eccl. scriptoribus.*
² *Saint Denys, l'aréopagite*, par l'abbé Darras, p. 241.

ancienne, aucun témoignage digne de foi qui contredit la tradition aréopagitique. Cette tradition s'est maintenue sans opposition jusqu'au dix-septième siècle, où elle a été attaquée avec violence par le fameux Launoy et ses partisans. — Et par quelles armes ce parti prétendait-il renverser une tradition seize fois séculaire? Par un texte de saint Grégoire de Tours. Or, il a été clairement prouvé que ce texte n'a aucune valeur historique, que l'auteur lui-même en a détruit l'autorité par ses nombreuses erreurs et ses contradictions. Un autre moyen que les adversaires de l'aréopagitisme emploient, c'est d'accuser Hilduin, abbé de Saint-Denys, d'en être l'inventeur. — Il a été prouvé par de nombreux documents que la croyance à l'aréopagitisme existait longtemps avant Hilduin. Nous avons fait connaître à nos lecteurs le noble caractère de cet abbé dont toute la vie est une protestation contre cette calomnie.

Enfin nous avons cité les auteurs savants qui, après une sérieuse étude sur cette question, se sont prononcés pour l'aréopagitisme et dont l'autorité est très grande. Nous avons nommé entre autres : Baronius, Sponde, Dusaussay, Germain Milet, Hugues Ménard, Noël Alexandre, les PP. Halloix, Laussel, Chifflet, l'abbé Faillon, les Bollandistes. Mais nous engageons fortement nos lecteurs à lire la savante démonstration de l'abbé Darras dont nous venons de donner une courte analyse. — Nous leur recommandons aussi de lire ce que le savant professeur à la Faculté de théologie de Paris, aujourd'hui Mgr Freppel, évêque d'Angers, a écrit sur cette matière.[1] Le docte professeur s'est posé trois questions: Saint Denys, évêque de Paris, est-il le même que Denys l'aréopagite? Est-il venu dans la Gaule au premier siècle de notre ère? Les œuvres, attribuées à l'aréopagite, sont-elles réellement de lui? Aux yeux de l'éminent professeur, les deux premiers points d'histoire sont hors de doute, non seulement par les traditions de l'Eglise de France, mais aussi par l'accord de l'Eglise grecque avec l'Eglise latine. — Nous avons lu le livre de Mgr Freppel et nous sommes absolument de l'avis de M. le chanoine Mury [2] qui, après en avoir donné une analyse dans la *Revue catholique* de l'Alsace, a écrit : „M. Freppel expose ses preuves avec tous les avantages d'une érudition à la fois germanique et française, et il nous semble difficile, après l'avoir lu attentivement, de ne point partager sa conviction. Il examine une à une les objections accumulées par la Réforme et le Jansénisme, et en montre le vice et la faiblesse."

Que ceux qui doutent encore lisent donc les savantes démonstrations de Mgr Freppel et de M. l'abbé Darras; ils seront convaincus comme nous l'avons été nous-même.

[1] *Saint-Irénée et l'éloquence chrétienne dans les Gaules pendant les deux premiers siècles*, par M. l'abbé FREPPEL. Paris, Amb. Bray, rue des Saints-Pères, 66.

[2] Voir la *Revue catholique*, (an. 1862, p. 248), dont le rédacteur en chef était M. l'abbé MURY, auteur d'une *Histoire de France*, dont il prépare la troisième édition.

III.

L'abbé Suger.

(Cf. Chap. XV, p. 75-77.)

Au douzième siècle deux hommes exercèrent par l'ascendant de leur génie une immense influence sur leurs contemporains, l'un dans l'ordre religieux et l'autre dans l'ordre politique, l'un célèbre par la sainteté de sa vie et par l'éclat de sa parole qui enflamma tout l'Occident pour l'œuvre des Croisades; l'autre, devenu illustre par son aptitude dans l'art si difficile de gouverner, et par le puissant crédit dont il jouissait à la cour : les deux considérés comme les oracles de leur temps, que les Pontifes de Rome et les rois de France aimaient à consulter avant de rien entreprendre. Le lecteur aura compris que nous parlons de saint Bernard et du grand Suger : le premier, abbé de Clairvaux, et le second, abbé de Saint-Denys. De nombreuses occasions les ayant mis souvent en rapport, ils se sont liés d'une étroite amitié dès qu'ils se furent connus. La part principale qu'ils prirent aux événements de leur temps, les mit en relation avec les personnages les plus considérables de l'époque. — Le contact avec le siècle n'est pas sans danger, et si saint Bernard a su s'en préserver, il n'en fut pas de même de Suger, qui prit insensiblement les habitudes mondaines du milieu où il vivait. Nous verrons plus loin comment l'amitié inspira saint Bernard pour ramener l'abbé de Saint-Denys et ses religieux à l'observation de la règle. — Cependant saint Bernard, tout en rappelant à Suger les devoirs de sa vocation, ne manqua pas de faire la part de la position singulièrement difficile des abbés de Saint-Denys. Voici ce qu'il dit dans une lettre au pape Eugène III : „Un abbé de Saint-Denys n'est pas une lampe cachée sous le boisseau; il est exposé aux regards de tout le monde, et il n'est pas dans son pouvoir de se cacher, quand même il le voudrait; il est comme le feu dont il faut qu'on voie la lumière ou la fumée. [1]

[1] Lettre 285. — L'abbé de Saint-Denys siégeait dans les assemblées publiques parmi les grands seigneurs et à la tête de tous les autres abbés. Il n'était sous la juridiction d'aucun évêque, et relevait directement de celle du Souverain-Pontife. Sa juridiction spirituelle et temporelle comprenait non seulement la ville de Saint-Denys, mais tout le territoire connu alors sous le nom de *Terre-Sainte* et qui se composait de vingt cinq localités. L'abbé avait son tribunal présidé par un Official qu'il choisissait parmi les religieux les plus vertueux et les plus savants en jurisprudence. Tous les délits et les crimes étaient jugés par cette officialité qui, après un examen sévère appliquait les peines selon la gravité des fautes. Nous avons déjà parlé des privilèges extraordinaires, accordés par les Pontifes romains à l'abbé Fulrade et à ses successeurs, de porter en public certains insignes réservés seulement aux grands Seigneurs et d'être assistés, quand ils officiaient, de huit à douze diacres, selon le degré des solennités.

Après ces préliminaires nous allons retracer la vie de cet homme illustre, en nous bornant aux traits principaux, et après avoir consulté DOM FÉLIBIEN, *le livre de l'administration de Suger; sa Vie, écrite par* GUILLAUME, *son secrétaire,* et le *Cartulaire de l'abbaye.*

I.

Issu de parents pauvres, Suger n'avait que dix ans quand ses talents précoces le firent recevoir à l'abbaye de Saint-Denys, où il eut pour compagnon d'études et pour ami d'enfance le Prince royal, qui fut plus tard Louis VI. L'école de Saint-Denys tenait alors le premier rang parmi toutes celles fondées par Charlemagne avec l'aide du célèbre Alcuin. On y cultivait avec succès les sciences, les lettres, la musique, le chant et les beaux-arts. C'est à cette école que les heureuses dispositions du jeune Suger se développèrent rapidement, et que Louis-le-Gros et plus tard son fils Louis-le-Jeune puisèrent ces sentiments de solide piété dont ils donnèrent tant de preuves dans la suite. C'est enfin à l'abbaye de Saint-Denys que se forma, entre l'enfant du peuple et les jeunes aspirants au trône de France, cette liaison qui dura toute leur vie et qui appela plus tard Suger aux premiers emplois du royaume. Pour se former à la vie religieuse, il dut passer quelques années de sa première jeunesse dans le prieuré de l'Estrée,[1] sous la direction de saints religieux versés dans les voies de la perfection.

[1] V. pièces just. N° 131 *apud Duch.*, 104.

Suger n'était encore que simple religieux et très jeune, que déjà les missions les plus importantes lui furent confiées par son supérieur, l'abbé Adam, qui avait remarqué en lui des qualités peu ordinaires. C'était toujours Suger qui accompagnait l'abbé dans les assemblées publiques qui se tinrent à la Cour, dans les Conciles de Paris, de Poitiers et de Troyes. Quand les Papes Pascal II et Gélase II vinrent en France implorer la protection du roi contre l'empereur d'Allemagne Henri V, c'était Suger qui fut envoyé au devant d'eux, et chargé de leur faire une réception en rapport avec leur haute dignité. — Nommé prévôt de Berneval et de Toury, il administra ces prévôtés avec une rare prudence. Les environs de Toury gémissaient depuis longtemps sous la tyrannie de Hugues, seigneur de Puiset. Le roi chargea Suger d'infliger un châtiment sévère à cet homme qui, par ses brigandages, était devenu la terreur de toute la contrée. Le château de Puiset, sa résidence, fut pris et rasé. Suger lui-même dirigea l'attaque. Cette affaire habilement conduite lui mérita l'affection et la reconnaissance de tous les habitants du pays, et ajouta un nouvel éclat à sa réputation. C'est vers cette époque (1122) que le roi envoya Suger à Rome pour traiter avec le Pape Calixte II de quelques affaires importantes. A son retour d'Italie, il apprit en chemin la mort de l'abbé Adam et le résultat de l'élection qui le nommait son successeur.

Arrivé à l'abbaye, il y trouva le roi et plusieurs évêques qui étaient venus pour le féliciter de sa nouvelle dignité. Les religieux, dont il avait su se faire aimer, le reçurent avec toutes les marques d'une véritable joie et protestèrent de leurs sentiments de respectueuse soumission envers leur nouveau supérieur.

II.

Suger était âgé de 40 ans quand il prit le gouvernement de l'abbaye. Sa première pensée, étant abbé, fut de se rendre à Rome pour faire confirmer son élection par le vicaire de Jésus-Christ. Le Pape et toute sa Cour lui firent une magnifique réception et le comblèrent d'honneur pendant tout le temps qu'il resta auprès de Sa Sainteté.[1] Il assista au Concile général de Latran où il siégea à la tête de 600 abbés et eut la consolation de voir la fin de la malheureuse querelle des investitures qui avait causé, depuis cinquante ans, des maux infinis à l'Eglise. Avant de rentrer en France, il fit quelques pèlerinages de dévotion au tombeau de saint Benoît au Mont Cassin, à celui de saint Matthieu à Salerne; il visita aussi le Mont-Gargan, célèbre par l'apparition de l'archange saint Michel, et après avoir satisfait sa piété, il reprit le chemin de la France, chargé de lettres du Pape et tout plein de reconnaissance des faveurs qu'il avait reçues à Rome. Calixte II l'avait tellement pris en affection qu'il l'invita à revenir près de lui. L'invitation était acceptée quand Suger apprit la triste nouvelle de la mort du Pape.

[1] D. FÉLIB., p. 135.

Vers cette époque (1125), la France était menacée d'une guerre formidable. L'empereur Henri V d'Allemagne et Henri, roi d'Angleterre, s'étaient ligués pour l'attaquer en même temps. Le prétexte fut l'excommunication qui avait été fulminée contre l'empereur d'Allemagne dans un Concile tenu à Reims. Henri V avait déclaré qu'il détruirait et raserait cette ville. Déjà l'armée ennemie s'approchait des frontières; mais le roi Louis, informé en temps utile, avait pris ses mesures. Après avoir fait ses prières au tombeau des saints martyrs et reçu l'oriflamme en présence de Suger, il se rendit auprès de ses troupes qui s'étaient donné rendez-vous sous les murs de Reims. Quand l'Allemand eut connaissance des forces de l'armée française qui se composait de trois cent mille hommes, il eut peur et crut prudent de rentrer en Allemagne. Suger avait accompagné le roi dans cette expédition.

Le pieux souverain attribuait l'heureuse issue de cette affaire à la protection des saints martyrs dont les reliques avaient été exposées tout le temps de l'expédition, et vint en rendre grâces dans la basilique de Saint-Denys. Il voulut, par respect pour ces précieuses reliques, les reporter lui-même du lieu où elles avaient été exposées à la place où elles étaient gardées, et ses larmes prouvaient combien son cœur était pénétré de reconnaissance.[1]

Peu de temps après cette guerre, nous trouvons Suger à Mayence, où les États d'Allemagne étaient

---

[1] D. Félib., p. 156.

assemblés pour élire un empereur à la place de Henri décédé.

On comprend que la discipline monastique dut beaucoup souffrir de ces absences fréquentes de l'abbé Suger. Le roi qui appréciait ses hautes qualités, en avait fait son ministre qu'il consultait pour tout et le retenait auprès de sa personne. Tout absorbé par les affaires du siècle, il vivait, dit Félibien, plutôt en homme de Cour qu'en religieux. S'il paraissait en public, c'était presque toujours avec une suite nombreuse et avec un déploiement de luxe extraordinaire.[1] Suger pourtant avait trop de jugement et de conscience pour ne pas comprendre ce que ce genre de vie avait d'anormal pour un religieux, et pour le supérieur d'un monastère. Aussi songeait-il sérieusement à une réforme. Ce qui l'encouragea dans ce pieux projet, fut une lettre de saint Bernard, abbé de Clairvaux, qui était alors en grande réputation de sainteté. Il aimait beaucoup Suger dont il admirait les grandes qualités; mais cette amitié même enflammait son zèle pour lui rappeler avec une sainte liberté ses devoirs de religieux et de chef d'une communauté. Cette lettre ne manqua pas de produire l'effet voulu. Suger reconnut dans la parole de ce véritable ami la voix de Dieu, et sans plus tarder il mit la main à l'œuvre. Ce document est trop beau pour que nous n'en produisions pas les principaux passages. Il est du reste le plus bel éloge que nous puissions faire de son auteur et de celui à qui il est adressé et qui l'a reçu

[1] D. Félib., p. 157.

avec une profonde humilité et avec le sincère désir de profiter des vérités qu'il renfermait. On y reconnait le style onctueux de saint Bernard. Avec un tact exquis, tout en félicitant Suger des heureux changements de sa conduite et de celle de ses religieux, il ne manque pas de déplorer avec une fermeté apostolique les désordres et les abus qui avaient eu lieu précédemment.

III.

Lettre de saint Bernard a Suger.[1]

„Il s'est répandu ici une nouvelle qui ne peut manquer de contribuer à l'édification publique. Ceux qui craignent Dieu sont agréablement surpris du changement arrivé en votre personne : on publie partout vos louanges, et les partisans de la piété font éclater leur joie. Ceux mêmes qui ne vous connaissent pas, ne peuvent apprendre ce que vous étiez, sans bénir en même temps le Seigneur qui vous a fait ce que vous êtes aujourd'hui ; mais le comble de notre joie et la grandeur du miracle sont de voir que votre zèle s'étend jusque sur vos religieux, à qui vous inspirez les mêmes sentiments de vertu dont vous êtes animé, pratiquant ainsi à la lettre ce qui est écrit : *Que celui qui m'écoute invite les autres à m'écouter. Dites dans la lumière ce que je vous dis dans les ténèbres, et prêchez sur le haut des maisons ce que l'on vous aura dit à l'oreille.*"[2]

[1] *Epist.* 78.
[2] *Apoc.* xxii ; 17. *Matth.* x, 27.

Saint Bernard relève ensuite la charité de l'abbé Suger par plusieurs exemples, pour le porter de plus en plus à les suivre, et il continue de la sorte : „Qui vous a donc inspiré une si haute perfection? Je souhaitais, je l'avoue, entendre de vous-même les grandes choses que la renommée publie, mais je n'osais me le promettre. Comment s'imaginer que vous fussiez monté tout d'un coup au plus haut degré de la vertu et au comble du mérite? A Dieu ne plaise que je mesure ses bontés infinies par la petitesse de ma foi et de mon espérance. Dieu fait tout ce qu'il veut, indifféremment dans toutes sortes de personnes, indépendamment du temps et malgré tous les obstacles. Les gens de bien censuraient vos désordres sans toucher à ceux de vos religieux, ils étaient indignés de vos excès et non pas des leurs. Les abbés, vos confrères, murmuraient contre vous et non contre votre communauté ; ils n'attaquaient que vous seul, vous n'aviez qu'à changer, et leur critique n'offrait plus de prise. Votre changement faisait cesser leur mécontentement et leurs reproches. La seule chose qui nous révoltait, c'était de vous voir marcher en public dans un habit et un équipage superbes. Il suffisait de renoncer à ce faste et de changer d'habit pour faire cesser nos justes murmures. Mais non content de les apaiser, vous méritez même nos applaudissements. Est-il rien de plus grand et de plus glorieux que ce que vous venez de faire? Un changement si soudain et si rare ne doit-il pas être regardé comme l'ouvrage du Très-

Haut? Le ciel se réjouit de la conversion d'un seul pécheur; combien plus de la conversion de toute une maison, et d'une maison telle que la vôtre?

„Cette maison si vénérable par son antiquité, et si distinguée par la faveur de nos rois, était devenue le siège de la justice et le rendez-vous des gens de guerre. Il est vrai qu'on y rendait à César tout ce qui lui était dû, sans délai et sans tromperie, mais Dieu n'y était pas servi avec la même fidélité. J'ai ouï dire (car je ne l'ai pas vu) que le cloître était souvent bardé de soldats, rempli d'une foule de plaideurs, que tout y retentissait du bruit de la chicane, et que l'entrée en était libre à tout le monde, même aux femmes. Parmi cette confusion, quel moyen de se remplir de saintes pensées et de s'occuper de Dieu? Aujourd'hui on y est absorbé en Lui, on s'y applique à conserver la chasteté, à faire fleurir la discipline régulière et à se nourrir de lectures spirituelles. Un silence continuel, l'éloignement de toute affaire séculière, un recueillement profond portent l'esprit à la méditation des choses célestes. Le doux chant des hymnes et des psaumes délasse des rigueurs de l'abstinence et des exercices laborieux de la vie religieuse. La honte du passé adoucit l'amertume du présent, et les fruits de la bonne conscience que l'on goûte déjà, produisent le désir solide des biens éternels, et une espérance qui ne peut être trompeuse. La crainte du jugement de Dieu n'est plus le motif de l'amour fraternel qui y règne, la parfaite charité l'en a bannie. L'ennui et le dégoût en sont éloignés par la variété des saints exercices qu'on y pratique. Je ne dépeins ici l'état présent de votre monastère que pour bénir l'auteur de ces merveilles et pour louer celui qui en est l'instrument et le coopérateur. Dieu n'avait pas besoin de votre aide, mais pour partager avec vous la gloire de ce grand ouvrage, il a bien voulu en partager les soins. Le Sauveur s'emporte contre ceux qui font d'une maison de prières une caverne de voleurs [1] et il bénira celui dont le zèle arrache les choses saintes de la gueule des chiens, qui tire une pierre précieuse d'entre les pieds des pourceaux, qui rend à Dieu sa première demeure, qui fait un ciel d'un arsenal, et d'une école de Satan une école de Jésus-Christ. Je rappelle ces maux passés, non pas pour les reprocher ou pour confondre personne, mais pour rehausser l'éclat d'une si sainte réforme par la description des désordres qui l'ont précédée, et pour en mieux faire briller la beauté par l'opposition de deux états différents... Je me contente d'ajouter, pour vous ôter tout sujet d'offense ou de confusion : *Vous étiez tel autrefois, mais vous êtes purifié, vous êtes sanctifié.*[2] La maison de Dieu est interdite aux gens du monde, on n'y cherche plus à satisfaire sa curiosité, on n'y perd plus le temps dans des conversations frivoles, on n'y entend plus la voix des jeunes garçons et des jeunes filles. Le lieu n'est plus accessible qu'aux enfants de Dieu,

---

[1] Matth. xxi, 13.
[2] *I. Cor.* vi, 11.

comme a dit le prophète : *C'est là que je demeure, et mes enfants y sont avec moi.*¹ Personne n'y entre que pour chanter les divines louanges, ou pour y faire de ferventes prières ; il est fermé à tout autre. Avec quelle joie cette troupe de martyrs, dont les reliques enrichissent ce saint lieu, n'entend-elle pas la voix de ces pieux enfants ? Avec quelle affection réciproque ne leur répond-elle pas : *Ames fidèles, bénissez le Seigneur, chantez les louanges de notre Roi, et ne cessez point de les chanter ?* ²

„Quel plus beau spectacle pour les yeux des bienheureux, et pour ceux de Dieu même que de voir des religieux se frapper la poitrine, battre le pavé de leurs genoux, charger les autels d'offrandes et de prières, baigner leurs visages de larmes, remplir leur retraite de gémissements et de soupirs, de voir enfin ces édifices sacrés, auparavant profanés par le bruit des procès, ne retentir partout que des cantiques spirituels ! *Voilà le sacrifice de louange dont Dieu est honoré.*³ Ah ! s'il ouvrait les yeux à quelque spectateur, comme il les ouvrit au serviteur d'Élisée, sans doute il verrait la Cour céleste mêler sa voix avec celle de ces saints religieux, s'unir à leur chant, assister à leurs prières, se joindre à leurs méditations, leur servir de sentinelles pendant leur sommeil, de guides, de directeurs dans leurs emplois et dans

---

¹ Isaïe, VIII, 18.

² *Ps.* CXII, 1.

³ Ibid. XLVI, 7 ; XLIX, 23. — 4 *Reg.* VI, 17. — *Ps.* LXVII, 27.

toutes leurs fonctions. Ces esprits célestes distinguent déjà leurs concitoyens, ils s'intéressent pour ceux à qui l'héritage du ciel est destiné, ils leur inspirent une sainte joie, ils les instruisent, ils les fortifient, ils les protègent, ils préviennent tous leurs besoins. Que je suis heureux d'être encore au monde pour apprendre du moins ce que mon éloignement m'empêche de voir! Plus heureux les religieux que Dieu favorise de tant de grâces! Mille fois plus heureux celui que le Seigneur a fait le chef d'une si sainte réforme! Cette prérogative singulière vous regarde, et m'oblige à vous en féliciter."

Il ne faut pas craindre que les louanges, que saint Bernard entreprend de donner à Suger, le portent à l'orgueil: elles n'étaient propres qu'à lui inspirer l'humilité et l'amour du bien qu'il avait embrassé. „Souffrez sans peine, dit-il, que je vous loue, je ne le fais pas dans l'esprit de ces lâches flatteurs, *qui confondent le bien et le mal,*[1] et qui séduisent ceux qu'ils comblent de louanges. *Il est également doux et dangereux au pécheur d'être flatté dans ses passions,*[2] mais l'éloge que je fais a pour principe la charité, et pour mesure la vérité. On se glorifie sûrement quand on se glorifie dans le Seigneur, qui est la vérité même. Je n'ai déguisé ni le bien ni le mal, je me suis déclaré contre le mal dès que je l'ai aperçu, aussi je n'ai garde de taire le bien dont je suis témoin.

---

[1] Isaïe, v, 20.
[2] *Ps.* ix, 3

Je passerais pour un médisant emporté plutôt que pour un censeur équitable, pour un homme qui se plaît à déchirer plutôt qu'à corriger son prochain, si j'étais muet sur votre conversion après avoir crié si hautement contre vos dérèglements. Le juste est charitable dans ses réprimandes, au lieu que le pécheur est malin dans ses flatteries. Celui-là cherche à guérir le mal, et celui-ci à le dissimuler. Les louanges d'un vrai chrétien ne doivent pas vous être suspectes, elles n'ont rien de ces fausses douceurs dont le monde vous endormait autrefois. Je vous loue parce que vous le méritez, je ne vous flatte point, parce que je reconnais les dons de Dieu en vous, je fais ce que vous chantez dans les psaumes : *Ceux qui vous craignent, Seigneur, se réjouissent de ce que je fonde mon espérance en vous.*[1] Il est écrit encore ailleurs : *Beaucoup de gens feront l'éloge de l'homme sage.*[2] C'est ainsi qu'en usent ceux qui vous louaient et vous blâmaient auparavant. Aimez à être loué de ces sortes de personnes qui craignent de flatter le vice ou de noircir la vertu, aussi sincères panégyristes que sévères critiques. Bien éloigné du caractère de ces fourbes qui, *étant vains et faux dans leurs jugements, trompent ceux qui sont assez sots pour les croire.*[3] Ce sont ces sortes de gens dont il faut se défier."

Saint Bernard continue à lui inspirer de l'aversion pour les fausses louanges, et de l'amour pour

---

[1] *Ps.* CXVIII, 74.
[2] *Eccli.* XXIX, 12.
[3] *Ps.* LXI, 10.

les justes réprimandes. Persuadé que Suger était déjà rempli de ces maximes, il lui dit : „C'est donc présentement que mes désirs sont accomplis, je gémissais autrefois de vous voir goûter avec tant d'avidité les flatteries, cet appas de péché et de mort, et je me disais à moi-même dans les transports de ma douleur : *Qui me rendra ce cher frère qui s'est nourri du même lait que moi?* [1] Loin de vous ces lâches adulateurs qui, par leurs basses louanges, vous exposaient à la risée publique, dont les faux applaudissements vous tournaient en ridicule, ou, pour mieux dire, vous rendaient le jouet et la fable de tout le monde ! Lorsqu'ils oseront encore ouvrir la bouche, dites leur : *Je ne serais pas serviteur de Jésus-Christ, si je vous plaisais.* [2] Les approbateurs de nos vices deviennent nécessairement les censeurs de nos vertus, à moins qu'ils ne changent de sentiment en commençant à aimer ce que nous sommes, après avoir conçu de la haine pour ce que nous étions."

A ces avis si salutaires, saint Bernard semble joindre de nouveaux reproches contre la conduite passée de l'abbé Suger, dans le dessein de lui donner plus d'aversion d'une vie si irrégulière. „Il s'est, dit-il, élevé dans l'Église deux abus inouïs et détestables. Le premier (souffrez que je le dise) c'est cette vie insolente et fastueuse que vous meniez ; mais grâce au ciel vous êtes changé, et votre changement glorifie Dieu, vous prépare une

---

[1] *Cant.* viii, 1.
[2] *Gal.* i, 10.

couronne, nous comble de joie, et donne au public un grand exemple d'édification. Dieu peut encore nous consoler en abolissant le second." Cet autre abus dont parle saint Bernard, était la conduite d'Étienne de Garlande, favori de Louis VI, et grand-maître de sa maison.

Ce seigneur, quoique ecclésiastique, diacre et bénéficier, tenait, par sa charge, le premier rang à la cour et à l'armée; car il réunissait en sa personne les fonctions de chancelier et de grand sénéchal ou connétable. Saint Bernard, qui regarde l'alliance de ces deux états, d'ecclésiastique et de séculier, dans une même personne comme un assemblage monstrueux, en fait une peinture affreuse, et, après mille invectives contre une conduite si opposée aux règles de l'Église et de la raison, il ajoute: „J'étais résolu, et peut-être même obligé de déclamer au long et plus fortement contre un tel désordre; mais outre que la brièveté d'une lettre ne me le permet pas, j'ai appréhendé de vous choquer en ne ménageant pas assez un homme qu'on m'a dit être un de vos anciens et intimes amis. Je serais pourtant fâché que vous eussiez des amis aux dépens de la vérité. Si vous continuez donc de l'aimer, donnez-lui des preuves d'une amitié solide, et travaillez à le rendre, comme vous, ami de la vérité. Les amitiés ne doivent passer pour véritables, que lorsque la vérité en fait le lien. S'il ne se rend pas à vos sages avis, demeurez ferme de votre côté dans le bien que vous avez entrepris, offrez à Dieu un sacrifice entier et parfait, couronnez tant de vertus par la persévérance, puisque sans cela tous les beaux commencements sont inutiles. Je finis en vous exhortant à bien finir."

Après avoir reçu cette lettre, Suger ne songea plus qu'à vivre en bon religieux. Il aurait voulu renoncer à toutes les dignités pour ne plus s'occuper que de sa propre sanctification et de celle de ses religieux. Mais le roi avait encore besoin de ses conseils. Toujours sa conduite était telle que saint Bernard a pu écrire au Pape Eugène III ce magnifique témoignage : „S'il y a dans l'église de France quelque vase de prix capable de servir d'ornement au palais du Roi des Rois, si le Seigneur a parmi nous un autre David fidèle à exécuter ses commandements, c'est le vénérable abbé de Saint-Denys. Ce grand homme est fidèle et prudent dans l'administration du temporel, humble et fervent dans le spirituel, et ce qui est rare, irréprehensible en ces deux choses. Il vit à la cour en sage courtisan, et dans son cloître en saint religieux.[1]" Ces paroles, écrites par le grand saint Bernard, renferment le plus bel éloge qui ait jamais été fait de Suger.[2]

IV.

La réforme eut un plein succès, c'était à prévoir : quand un supérieur commence par se réformer lui-même, il persuade facilement la réforme à ses inférieurs. L'exemple de Suger fit revivre la

[1] *Epist.* 309.
[2] D. Félib. 161.

ferveur et la régularité dans la communauté, et ce changement attira toutes sortes de bénédictions sur le monastère, qui entra dans une ère de prospérité même matérielle, qu'on n'avait pas vue jusqu'alors. Aussi Suger prit-il occasion de là pour exhorter ceux qui seraient un jour ses successeurs, à tenir toujours la main à l'observation exacte de la règle.

A l'exemple des abbés ses prédécesseurs, il se montra toujours empressé à rendre service au Saint-Siège. Des partis s'étaient formés à Rome à l'occasion de l'élection du Pape Innocent II, auquel les factieux opposèrent un candidat sous le nom d'Anaclet II. Le roi, sur les conseils de Suger, convoqua une assemblée d'évêques et d'abbés à Etampes: saint Bernard y assistait. Invité à exprimer le premier son avis, il le fit en faveur d'Innocent et avec tant de fortes raisons que toute l'assemblée se déclara unanimement pour ce Pontife. Le roi députa immédiatement Suger à Cluny, où se trouvait en ce moment le Pape, pour l'informer de ce qui s'était passé et pour le saluer comme le légitime successeur de saint Pierre.[1] Le Pape se rendit ensuite à Paris où il fut reçu avec enthousiasme par une multitude innombrable venue au-devant de lui. Une seconde réception non moins brillante l'attendait à Saint-Denys, où le Saint-Père voulut passer les fêtes de Pâques (1131).[2]

Le Jeudi-Saint il fit de somptueuses largesses au peuple et au clergé, selon l'usage de Rome, et

---

[1] *Vita Lud. gr.*, p. 317.
[2] Ibid., p. 318. — D. Félibien, p. 165.

le jour de Pâques, dès le matin, il se rendit par un chemin détourné à l'église de Saint-Denys d'*Estrée* avec les cardinaux de sa suite. Pour donner une idée des mœurs de ce temps, nous ferons, d'après Suger lui-même, la description de la magnifique procession qui se déploya de cette église à la basilique. „S'étant revêtu de ses habits pontificaux et la tête ceinte d'un riche diadème en forme de tiare, comme c'était l'usage à Rome dans les grandes cérémonies, le Saint-Père monta sur un cheval blanc richement caparaçonné; puis tous les cardinaux revêtus de longs manteaux et montés sur des chevaux de couleurs différentes dont toutes les housses étaient blanches, précédèrent le Pape deux à deux en chantant des hymnes. Les barons et les autres gentilshommes, feudataires de l'abbaye, marchaient à pied, conduisant par la bride le cheval du Pape; d'autres précédaient pour ranger la multitude et jetaient quantité de pièces de monnaie. Toutes les rues étaient tendues de riches tapisseries. Plusieurs compagnies de soldats étaient venues au devant du Pape. Il y eut un concours prodigieux de peuple. Même des juifs de Paris étaient accourus à ce spectacle. Le Pape, voyant ces enfants de la synagogue, fut touché de compassion et pria Dieu de leur ôter le voile qui, couvrant leurs yeux, les empêche de voir la vérité. Enfin le Saint-Père arriva à la basilique qui était ce jour toute brillante de l'éclat des couronnes d'or et de pierreries dont on l'avait ornée. Nous[1] eûmes alors l'honneur d'offrir le Saint

[1] C'est-à-dire Suger.

Sacrifice en sa présence. Puis l'on descendit dans le cloître où l'on avait dressé des tables. Là le Pape et sa suite furent servis à la manière des Grands."[1] Après les fêtes de Pâques le Saint-Père repartit pour Paris, après avoir promis sa constante protection à l'abbaye. Cette promesse ne resta pas sans effet.

Le 9 mai, le Pape se trouvant à Rouen, écrivit une lettre des plus affectueuses à Suger, le félicitant de son attachement au Saint-Siège et de la réforme qu'il avait établie dans l'abbaye. „*Dilecte in Domino fili, Sugere Abbas, quem fidelem et devotum beato Petro sanctaeque Romanae Ecclesiae certis indiciis experti sumus, cujus etiam industria et sollicitudine in praefato beati Dionysii monasterio, gratam Deo religionem reformatam esse comperimus.*"[2] Puis le Saint-Père confirma tous les privilèges qui avaient été accordés à l'abbaye par les Souverains-Pontifes Zacharie, Étienne III, Léon III, Alexandre, Pascal II et Calixte II, ses prédécesseurs, et toutes les libéralités et donations qui avaient été faites à l'abbaye par les rois et d'autres bienfaiteurs. La lettre nomme en particulier plusieurs nouvelles acquisitions,[3] comme le prieuré de Celle

---

[1] *Vita Lud. gr.*, p. 318.

[2] Félib., pièces justif. N° 130.

[3] Par une sage administration du temporel, les biens de l'abbaye étaient devenus considérables sous l'abbé Suger: et comme les richesses des monastères ont été souvent l'objet de critiques sévères, nous en dirons ici quelques mots. — D'abord, pour être juste, il faut se rappeler que ces richesses provenaient, en grande partie, du patrimoine des abbés (v. le testament de Fulrade), des

au diocèse de Metz, et Argenteuil, plus le comté de Vexin. Enfin le Pape confirme quelques anciens privilèges, entre autres les droits de la foire du Landy. La bulle d'Innocent II est signée par le

libéralités de nos Rois, de legs pieux, qui étaient faits pour obtenir des prières, des saintes messes (v. les chartes de l'abbaye dans D. FÉLIBIEN). Il ne faut pas non plus oublier que la plupart des donations consistaient en terres incultes qui, pour devenir productives, exigèrent des travaux considérables de défrichement, que les communautés religieuses seules avaient les moyens d'exécuter avec succès. „La munificence des rois, dit M. de Montalembert, voulait assurer l'existence des royales abbayes, telles que Saint-Germain-des-Prés et Saint-Denys. Elles servaient à la fois d'archives, de sanctuaires et de sépulcres aux dynasties. Elles étaient l'offrande des fidèles, le patrimoine des pauvres et la rançon des âmes, selon la définition qu'un Concile donne des biens de l'Église." (*Moines d'Occident*, Introd., p. CXL.) — Si les revenus de l'abbaye de Saint-Denys étaient considérables, ses dépenses étaient en proportion. Outre l'entretien d'une communauté qui se composait, à certaines époques, de deux à trois cents religieux, l'abbaye avait à sa charge la construction, les réparations des églises, des bâtiments, et les frais du culte. Les Rois de France venaient souvent, avec toute la cour, passer les fêtes à l'abbaye. Quand les Papes arrivaient en France, c'est à l'abbaye de Saint-Denys qu'ils acceptaient l'hospitalité: de là des dépenses considérables. Et si, avec ces fortes charges, le compte présentait à la fin de l'année un excédant de recettes, il était employé à fonder de nouvelles maisons religieuses, ou à quelque œuvre de charité. D'ailleurs la part des pauvres était toujours faite largement. L'abbaye avait son hôtel de l'aumône et une maison où la plus généreuse hospitalité s'exerçait envers les étrangers. On parle des richesses des couvents, et l'on ne parle pas de l'emploi qu'ils en faisaient. C'est un fait incontestable que quand les monastères avaient des richesses, les pauvres de toute la contrée étaient nourris, l'aisance régnait dans les familles. Depuis que les richesses

Pape, trois évêques, neuf cardinaux, cinq prêtres et quatre diacres.

V.

SUGER ARCHITECTE.

Nous avons déjà parlé des connaissances en architecture de l'abbé Suger. Nous avons cité des

> se trouvent entre les mains de nos industriels millionnaires, la misère est partout. Les gouvernements n'ont rien gagné à la destruction des couvents, mais les pauvres y ont beaucoup perdu. M. de Montalembert cite entre autres exemples l'empire d'Autriche sous Joseph II, qui a confisqué les biens de 124 monastères, ce qui ne l'a pas empêché de faire trois fois banqueroute. Ici l'on pourrait se demander ce que la République française a gagné à la destruction des maisons religieuses. Sa situation financière n'est-elle pas déplorable? Partout stagnation du commerce; des milliers d'ouvriers manquent de travail et se constituent en grèves. On s'effraie avec raison de l'avenir.
>
> La société n'a rien gagné ni matériellement ni moralement à la destruction des institutions monastiques. C'est une remarque qui a été faite souvent que depuis qu'on a détruit les maisons de prières, il a fallu multiplier les prisons." C'est une caserne ou une geôle que l'on trouve installée dans les abbayes les plus renommées. Saint-Bernard et ses cinq cents religieux ont été remplacés à Clairvaux par cinq cents réclusionnaires. Saint Benoît d'Aniane, le grand réformateur monastique du temps de Charlemagne, n'a pas mieux réussi à détourner cet outrage de la maison dont il a porté le nom jusque dans le Ciel. Fontevrault, le Mont-Saint-Michel ont subi le même sort. Ces maisons de prières et de paix sont devenues ce qu'on appelle aujourd'hui des *maisons centrales de détention*, afin sans doute de ne pas donner un démenti à M. de Maistre, qui avait dit: „Il leur faudra bâtir des bagnes avec les ruines des couvents qu'ils auront détruits."
> (*Les Moines d'Occident*, Introd., p. CCVI.)

archéologues célèbres qui le considèrent comme l'inventeur du style ogival. La façade de la basilique, qui est l'œuvre de Suger, nous offre en effet un mélange du plein-ceintre et de l'ogive ; et ces deux lignes se remarquent également dans les chapelles du chevet, qui sont aussi de Suger. L'église, qui avait été construite par Fulrade sur les fondements de celle de Dagobert, était devenue insuffisante les jours où il y avait grand concours de pélerins. L'abbé Suger conçut la pensée de construire une basilique dans de plus vastes proportions, et répondant mieux à la majesté de Dieu et à la gloire des saints martyrs qu'on y venait honorer. Il surveilla lui-même cette construction dans tous ses détails, et il fut admirablement secondé par tous les habitants de la contrée, qui rivalisaient de zèle pour cette œuvre de Dieu. Par ses soins toutes les ouvertures du temple furent garnies de magnifiques verrières. On en voit encore quelques-unes dans la chapelle de l'abside, elles sont remarquables par l'éclat des couleurs. Sur l'une d'elles Suger s'est peint prosterné aux pieds de la sainte Vierge, lui offrant son travail. L'intérieur de l'édifice fut splendidement orné. Pour la célébration des saints mystères, l'abbé se procura des vases sacrés et des ornements d'une grande richesse. Il était d'avis que l'on devait employer pour le service de Dieu ce qu'on pouvait avoir de plus précieux ; car, disait-il, si les juifs, dans l'ancienne loi, se sont servis de vases d'or pour recueillir le sang des victimes, à plus forte raison doit-on employer l'or et les pierreries pour tout ce qui a rapport au saint sacrifice du corps et du sang de Jésus-Christ.[1]

Quand une partie principale de l'église fut achevée, Suger invita un grand nombre d'évêques et d'abbés à une première dédicace : elle eut lieu très solennellement en présence du roi, le 14 juillet 1140. A partir de ce jour, les travaux furent poussés avec grande activité. Pendant trois ans, un nombre considérable d'ouvriers travaillèrent l'hiver comme l'été toujours sous la direction de Suger, et c'est l'an 1144 que la consécration de tout l'édifice put avoir lieu.

Cette seconde dédicace eut lieu également en présence du roi, de la reine, d'un grand nombre d'évêques, d'abbés et de seigneurs français et étrangers : l'affluence des fidèles fut prodigieuse. La cérémonie commença dès la veille par l'exposition des saintes reliques et le chant des Matines. Pendant la solennelle translation des saints corps, le roi voulut porter lui-même celui de saint Denys ; ceux de saint Rustique et de saint Eleuthère furent portés par les évêques et les principaux seigneurs. Puis ces restes précieux des glorieux martyrs furent déposés dans le magnifique tombeau que Suger leur avait destiné. Pour clore la cérémonie, les évêques présents consacrèrent vingt autels : dix dans l'église d'en haut et dix dans la crypte.

Guillaume, l'historien de la vie de Suger, dit que son zèle pour la beauté de la maison de Dieu fut tel, qu'il fit venir de tous les pays les

[1] D. FÉLIBIEN, p. 175.

plus habiles ouvriers, architectes, peintres, charpentiers, fondeurs et orfèvres, pour la décoration de sa basilique.[1]

Dans le *Livre de son administration*, il nous apprend qu'il fit faire les trois portes principales de la façade, qui étaient en bronze doré.[2] Celle du milieu représente, dans des cartouches en relief, des scènes de la passion, de la résurrection et de l'ascension du Sauveur. Dans le tympan du milieu, on voit le Christ entouré des apôtres juger les hommes. Marie intercède pour les pécheurs. Abraham reçoit les justes dans son sein ; les damnés sont précipités en enfer. Les vingt-quatre vieillards tiennent des instruments de musique et des vases qui renferment des parfums, c'est-à-dire des prières. Sur les pieds droits de la porte, des bas-reliefs représentent les vierges sages et les vierges folles. Sur la porte du Midi on voit représenté le martyre de saint Denys : les saints et les bourreaux sont figurés dans la voussure. Dans le tympan, le Christ vient communier les martyrs dans leur prison. Le tympan et les voussures de la porte du Nord appartiennent à une restauration moderne. Un Zodiaque couvre les montants de cette porte. Les chapiteaux des colonnes et les rinceaux et moulures, qui complètent l'ornementation des portes, sont d'un travail parfait et bien supérieur à celui des figures.

---

[1] *Adm. Sug.* C. 27.
[2] *Vita Sug.* Liv. 2, n° 9.

C'est surtout l'intérieur de la basilique qui frappe d'admiration les nombreux visiteurs, et qui est dû au génie des abbés Eudes de Clément et Mathieu de Vendôme, sous le règne de saint Louis et de Philippe-le-Hardi. Ce sont ces deux abbés qui mirent la basilique dans l'état où nous la voyons aujourd'hui, en ne conservant de l'église de Suger que la façade et les chapelles de l'abside. Leurs travaux ont duré de 1231 à 1281. C'est l'époque où l'architecture ogivale avait atteint toute sa perfection. Ce style règne dans toute sa pureté dans notre admirable basilique. Ce qui charme tous les yeux, c'est la majestueuse harmonie qui se fait remarquer dans l'ensemble et dans les moindres détails du monument.

Et cette incomparable basilique, faut-il le dire? les démolisseurs de 93 n'ont pas su la respecter. Faut-il rappeler ici les tristes scènes de profanation, dont elle a été le théâtre pendant les jours néfastes de la terreur? Faut-il rappeler la spoliation de son trésor, la démolition des tombeaux, la violation sacrilège des sépultures de nos rois, le hideux culte de la raison, célébré dans ces lieux où pendant des siècles avaient retenti les louanges de Dieu? Il y eut même un moment où il fut sérieusement question d'en démolir une partie, pour y installer le marché public. En 1800, l'église ne présentait plus qu'une ruine : c'est ce qu'atteste Chateaubriand dans ses *Mémoires*. Après l'avoir visitée il écrivit ces mots : „L'église est découverte, les fenêtres sont brisées, la pluie entre dans les nefs abandonnées, et il n'y a plus de tombeaux."[1]

Il existe une *Vie du roi Louis-le-Gros*, par Suger. Rien n'est plus édifiant que ce que l'auteur dit de la piété avec laquelle ce prince se prépara à la mort. Il exprima le désir d'échanger ses vêtements royaux et sa couronne contre l'humble habit et la tonsure d'un fils de Saint-Benoît, dans l'abbaye de Saint-Denys où il avait été élevé. Il y suppléa par un autre acte d'humilité et de pénitence, en se faisant coucher par terre sur un tapis couvert de cendres,[2] où il expira le 1er août 1137, après un règne de trente ans.

Nous ne saurions faire un plus bel éloge de ce roi qu'en rapportant les paroles qu'il dit à son fils peu avant sa mort : „Mon fils, souvenez-vous que la royauté est une charge dont vous rendrez un compte rigoureux à Celui qui seul dispose des sceptres et des couronnes."[3]

Suger ne fut pas moins l'ami de Louis VII, surnommé le Jeune, que de son père. Ce roi eut souvent l'occasion d'apprécier les éminentes qualités de l'abbé de Saint-Denys, son jugement toujours sûr et la noblesse de son caractère.

Dans les assemblées d'évêques et des grands du royaume, c'était un spectacle bien touchant de voir le roi sur son siège, Suger à ses pieds, en-

---

[1] Voir les détails de la violation des tombeaux dans la *Monographie de Saint-Denys* par le baron de Guilhermy, p. 60 et suiv.

[2] *Vita L. g.*, p. 321.

[3] *Histoire de France* par Norvins, p. 336.

touré de prélats et de seigneurs qui tous l'écoutaient comme un oracle.

Sa sagesse dans l'administration de la justice était connue de tous. Très porté à l'indulgence, il savait être sévère à l'égard des criminels obstinés. Il ne prononçait de jugement qu'après un examen approfondi de la cause. Aussi ses sentences étaient-elles regardées comme irréfragables et sans appel.

Dans tout le royaume on connaissait le crédit dont Suger jouissait auprès du roi, et le zèle avec lequel il en usait pour secourir tous ceux qui avaient recours à lui. Aussi était-il toujours entouré de personnes qui venaient solliciter sa protection. Il n'était jamais plus heureux que lorsqu'il pouvait soulager quelque infortune. Sa tendresse envers les religieux était celle d'un père pour ses enfants, et ceux-ci en retour le vénéraient et l'aimaient, ce qui lui rendit le gouvernement très facile. Il prenait un soin particulier des malades et des vieillards, selon la règle de saint Benoît.

Plein de charité envers les frères de la communauté, et toujours disposé à accorder des dispenses aux infirmes, il observait la règle dans toute sa rigueur, quoique d'une constitution faible. Jamais il ne mangea de viande que dans le cas de maladie, et lorsque les religieux, ses conseillers, le lui ordonnaient. Avare de son temps et infatigable au travail, il dormait peu, et couchait sur un lit où, selon l'auteur de sa *Vie*, la paille lui tenait lieu de duvet; et la laine, de draps de lin. Il se levait la nuit pour matines, et se rendait tous les matins de bonne heure à l'église pour faire sa préparation à la célébration du saint sacrifice, qu'il offrait avec une piété angélique et souvent ému jusqu'aux larmes. Il s'est fait bâtir une petite cellule bien simple tout à côté de la basilique, pour y vaquer plus librement aux exercices de la contemplation. Pierre-le-Vénérable, abbé de Cluny, ayant un jour vu ce pauvre oratoire, après avoir admiré la magnificence des décorations de la basilique, dit à ceux qui l'accompagnaient, en parlant de Suger : „Voilà un homme qui nous confond tous; s'il dépense tant, ce n'est pas pour lui, mais uniquement pour honorer Dieu."

VI.

SUGER RÉGENT.

C'était l'époque (1140) où l'on se préparait dans toute l'Europe à une nouvelle croisade. Il s'agissait de revendiquer les lieux, sanctifiés par la présence de l'Homme-Dieu, et de briser la domination des Musulmans, ces éternels ennemis des Chrétiens. Tout l'Occident s'ébranla aux prédications de saint Bernard, qui était l'âme de ce mouvement. Comme le roi de France dut s'absenter un temps considérable, la question se présentait naturellement pour savoir à qui serait confié le gouvernement pendant son absence. Le roi désirant connaître à cet égard le sentiment des seigneurs et des évêques, les convoqua à une réunion à Étampes. Saint Bernard s'y trouvait ainsi que Suger. L'abbé de Clairvaux ayant dit que ce poste important ne pouvait être confié à un plus digne que Suger, toute l'assemblée d'une voix acclama la proposition.¹ L'abbé de Saint-Denys ne put se résoudre à se charger d'un tel fardeau: il ne fallut rien moins que l'ordre formel du Pape Eugène III pour vaincre sa résistance. Ce Pape, qui avait été élève de saint Bernard, qu'il aimait encore à consulter dans toutes les affaires importantes, se trouvant alors en France, vint avec le roi à Saint-Denys y célébrer les fêtes de Pâques, à l'exemple de ses prédécesseurs Calixte II et Innocent II.² C'est de ses mains que le roi voulut recevoir l'oriflamme et les insignes du pélerinage de la Terre-Sainte. Ce jour Louis VI dîna avec les religieux; après le repas il leur fit ses adieux en se recommandant à leurs prières. Puis il partit suivi d'un grand nombre de seigneurs, pour se rendre à Metz où ses troupes l'attendaient.

Suger ne tarda pas à justifier la confiance que le roi et toute la France avaient mise en lui. Dans la première lettre que le roi lui adressa, arrivé en Hongrie, il lui dit: „Toutes choses sont entre vos mains, depuis que nous nous en sommes rapporté à votre prudence pour tout ce qui regarde notre royaume, afin que vous en preniez soin comme de vos propres affaires."³ On pouvait se demander si ce moine serait assez versé dans la science politique pour administrer un si grand royaume; s'il aurait assez d'autorité pour se faire obéir des seigneurs et des populations. Mais Suger

¹ *Vita Sug.* L. 3, p. 1.
² *Adm. Sug.* Cap. 32.
³ *Ep.* 6.

se trouva dès le début à la hauteur de sa nouvelle position; il sut si bien soutenir son rang de vice-roi, que la pensée ne vint à personne de lui résister, quand il avait donné des ordres. Sa réputation ne fit que grandir tous les jours, même à l'étranger. En effet, l'évêque de Salisbury d'Angleterre lui écrivit : „Vous êtes partout en si haute estime, que nous avons passé la mer pour être témoin des merveilles qu'on raconte de vous."

Cependant Suger, ne recevant plus de nouvelles du roi, devint inquiet sur le succès de la croisade, et ses inquiétudes n'étaient malheureusement que trop fondées. Une partie de l'armée avait péri, décimée par la faim et la maladie. La division s'était mise parmi les chefs, l'unité d'action avait manqué. Pour comble de difficultés, les seigneurs qui étaient revenus de la Terre-Sainte, profitant de l'absence du roi qui tardait de revenir, formèrent des partis et excitèrent des troubles. Mais Suger prit les mesures nécessaires pour déjouer leurs complots, en convoquant les États généraux. Saint Bernard le félicita de cette mesure. Il lui écrivit : „C'est Dieu qui vous a inspiré d'assembler sans retard les Etats généraux, afin que tout le monde sache que le roi, en son absence, a trouvé en votre personne un ami fidèle, un ministre éclairé et un ferme soutien de la couronne. Courage donc, et ne doutez pas que Dieu ne soit votre protecteur pendant que vous l'êtes pour un roi qui s'exile par amour pour lui. Vous serez secondé par toute l'Église, qui partagera avec vous le poids du fardeau. Pensez seulement à tenir avec vigueur la place éminente que vous occupez, à vous armer de toute l'autorité qui vous est confiée, afin que toute la postérité bénisse et admire la mémoire de votre régence."[1] Cette lettre venant de l'homme de Dieu, qui était devenu l'oracle de son temps, fut pour Suger un puissant encouragement. Par sa fermeté il sut maintenir la paix dans l'État.

Il ne fut pas moins habile à la maintenir ou à la rétablir dans les familles. On sait que la reine Éléonore, qui avait suivi le roi en Palestine, entretint des liaisons avec le prince d'Autriche, contrairement à ce qu'elle devait à son sexe et à sa position. Cette conduite lui avait aliéné l'affection du roi. Ces deux cœurs profondément ulcérés paraissaient à jamais irréconciliables. Il était réservé à la prudence et à la charité de l'abbé Suger d'opérer la réconciliation.

Dans le poste élevé que Suger occupait, se trouvant quelquefois dans la pénible nécessité de punir des coupables, il ne pouvait échapper à la calomnie. On avait même cherché à lui nuire dans l'estime du roi, qui avait prêté l'oreille à de faux rapports; mais en passant à Rome, à son retour de la Terre-Sainte, le monarque entendit le Pape faire un tel éloge de la fidélité et de la prudence avec lesquelles le régent avait administré le royaume, qu'il lui rendit toute son estime. Et pour lui donner un témoignage public de son attachement, il lui décerna le titre de *Père de la patrie*, aux applaudissements de tous les Français.

[1] *Ep.* 26.

Pour réparer l'échec que l'honneur de la France avait reçu dans la dernière croisade, il eût fallu une nouvelle expédition en profitant des fautes qui avait fait échouer la précédente. Un seul homme sentit remuer en lui cette noble pensée, cet homme fut Suger. Il n'avait pas approuvé la deuxième croisade; mais quand il en connut la fatale issue, son patriotisme comprit qu'il s'agissait avant tout de rétablir, par une nouvelle expédition, le prestige que les Français venaient de perdre aux yeux des Musulmans.

Il avait alors soixante-dix ans, et malgré cet âge avancé et la faiblesse de sa santé, il résolut de rassembler une armée nouvelle qu'il voulait conduire lui-même. Il sollicita plusieurs fois les prélats et les seigneurs de se joindre à lui pour cette nouvelle entreprise; mais il ne rencontra partout qu'indifférence et découragement. Il avait déjà amassé des sommes considérables, fruit de ses économies, pour subvenir aux frais. Il les envoya aux chevaliers du Temple à Jérusalem, puis se rendit au tombeau de saint Martin pour se préparer, cette fois, au grand pélerinage de la vraie Terre-Sainte, c'est-à-dire du — Ciel.

VII.

SA DERNIÈRE MALADIE. — SA MORT.

De retour à Saint-Denys il tomba sérieusement malade. S'étant fait conduire dans la salle du Chapitre, il fit une touchante exhortation à la Communauté; puis, se jetant aux pieds des Religieux, il les pria, les larmes aux yeux, de lui pardonner les fautes qu'il avait commises dans sa longue administration. Il accorda la réconciliation à ceux qui avaient été mis en pénitence, et les rétablit dans leurs emplois et leurs grades. Il supplia ensuite la Communauté de le décharger de son titre d'abbé. Mais les religieux, touchés jusqu'aux larmes, s'y opposèrent unanimement, déclarant qu'il resterait leur père et leur maître tant qu'il vivrait.

Il avait écrit à son ami saint Bernard, le priant de venir l'assister dans ses derniers moments. Le saint abbé de Clairvaux n'ayant pu donner à son ami cette dernière marque d'estime et de tendre affection, il lui écrivit la bien touchante lettre que nous transcrivons, et qui est la preuve la plus forte de l'intime amitié qui unissait ces deux grands hommes.

La lettre porte pour inscription : *Frère Bernard souhaite à son très cher et intime ami Suger, par la grâce de Dieu, abbé de Saint-Denys, la gloire qui naît d'une bonne conscience, et la grâce qui est un don du ciel.* Puis il commence ainsi : „Ne craignez point, homme de Dieu, de vous dépouiller de cet homme terrestre qui vous porte sans cesse vers la terre, et qui s'efforce de vous entraîner jusque dans les enfers ; de cet homme de péché qui vous tourmente et vous persécute. Qu'avez-vous présentement de commun avec ces restes de mortalité, vous qui êtes sur le point d'aller au ciel pour y être revêtu de gloire ? Cette gloire est toute préparée ; mais il faut que vous vous en dépouilliez pour en être revêtu. C'est une espèce de vêtement qu'on ne met point sur un autre. Souffrez donc avec patience, que dis-je, réjouissez-vous de vous voir bientôt dépouillé. Jésus-Christ même l'a été, avant de rentrer dans la gloire. L'homme céleste ne doit point prétendre retourner à Dieu, avant que cet homme terrestre dont il est formé ne soit retourné à la terre d'où il tire son origine. Ce sont deux hommes qui sont perpétuellement en guerre l'un avec l'autre, et entre lesquels il n'y aura point de paix jusqu'à ce qu'ils soient séparés, ou s'ils l'ont jamais, leur paix ne sera ni de Dieu ni avec Dieu. Vous n'êtes pas du nombre de ceux qui *annoncent la paix, lorsqu'il n'est point de paix pour eux.* [1] On vous attend pour vous donner cette paix qui surpasse toutes nos pensées. Les justes, dans la société desquels vous allez entrer, s'attendent à voir bientôt couronner vos travaux ; enfin la joie de votre Seigneur vous attend. Je souhaite avec ardeur, mon très cher ami, de vous voir avant ce moment, afin de recevoir votre dernière bénédiction ; mais cela ne dépendant pas de moi, je n'ose vous promettre ce que je ne suis pas sûr de tenir. Tout ce que je puis faire, est de tâcher de me rendre possible ce qui ne me paraît pas à présent. Du moins, quoiqu'il arrive, que j'aille vous voir ou non, je puis toujours vous assurer que vous ayant aimé, comme j'ai fait si longtemps, je ne cesserai jamais de vous aimer. Je ne saurais vous perdre puisque nos cœurs sont unis

---

[1] Ezech. xiii, 10.

d'un amour éternel. Vous ne faites que me devancer, et afin que je vous suive et vous revoie bientôt, souvenez-vous de moi, comme je me souviendrai sans cesse de vous, malgré notre séparation. Après tout, je ne désespère pas encore que Dieu, sensible à nos vœux et à nos besoins, ne vous conserve plus longtemps et ne vous rende la santé." (*Epist.* 266.) [1]

Quand Suger comprit que Dieu allait le retirer de cette terre d'exil, il fit avec joie le sacrifice de sa vie, heureux de sortir de la prison de son corps pour jouir de son Dieu. Il était entouré des évêques de Soissons, de Noyon et de Senlis, ses amis, qu'il avait priés de venir l'aider à mourir saintement. Il se confessait souvent à eux, afin de se purifier des moindres taches. Les dernières semaines qui précédèrent sa mort, il reçut presque tous les jours la sainte communion de leur main. Il n'était plus occupé que de Dieu, récitant sans cesse des prières et n'ayant plus de pensées ni d'aspirations que pour le Ciel. Enfin, sentant sa dernière heure approcher, il exhorta encore une fois ses disciples à l'union et à l'observance de la règle; puis il s'endormit dans le Seigneur le 13 janvier de l'an 1151.[2] Son ami saint Bernard le suivit dans la bienheureuse Éternité deux ans plus tard, âgé de soixante-quatorze ans. Suger en avait soixante-dix.

Quand la nouvelle de sa mort fut connue, toute la France prit le deuil. Le roi com-

---

[1] Félib., p. 189.
[2] Félib., p. 190.

rit toute la perte qu'il venait de faire, et pour donner une dernière marque de son affection pour son ministre, il voulut assister à ses funérailles avec tous les principaux seigneurs de la cour.

Les hautes fonctions auxquelles Suger a été appelé sont des titres qui justifient, mieux que tous les éloges, l'estime universelle et la confiance dont il jouissait auprès de nos Rois qui l'ont choisi pour ministre, et des États-Généraux qui l'ont élu Régent du Royaume. Il suffit de lire de quelle manière les plus illustres personnages de son siècle parlent de lui dans leurs lettres. J'ajouterai qu'il n'a pas été moins estimé, ni moins respecté des étrangers. Les Papes Calixte II, Honorius II, Innocent II et Eugène III eurent pour l'abbé Suger une singulière considération ; surtout ce dernier faisait tant de cas de son équité et de son discernement, qu'il lui renvoyait de Rome quantité d'affaires à terminer. J'omets les marques d'amitié et de confiance qu'il lui donne partout dans ses lettres, prenant également part à sa joie et à son affliction dans les différentes situations où il se trouvait. Les princes mêmes, qui avaient moins affaire à lui, recherchaient l'occasion de lui marquer leur estime. On sait les honneurs que lui rendit Henri, roi d'Angleterre ; ceux que lui prépara Roger, roi de Sicile, dans la pensée qu'il devait passer par ses États, et enfin les présents extraordinaires que lui envoya David, roi d'Écosse.

Le *Livre de son administration,* l'*Histoire de sa vie* par son secrétaire, les chartes de l'abbaye, son testament témoignent de sa prodigieuse activité. En politique consommé, il veilla aux intérêts de l'État; il veilla, en bon religieux, à la réforme de sa Communauté, et, en habile administrateur, au temporel de la maison et au bonheur de ses vassaux. Il favorisa le grand mouvement qui entraînait son siècle à l'affranchissement et à la constitution des communes libres; il déchargea de toutes les obligations onéreuses les habitants de la ville de Saint-Denys. Aussi laissa-t-il dans toute l'étendue de la juridiction de l'abbaye un nom béni et regretté. S'il se donna bien des peines pour améliorer les domaines de l'abbaye et pour reprendre ceux qui avaient été usurpés par les seigneurs du voisinage, ou chargés d'impôts par les avoués, ce ne fut pas par un esprit d'intérêt de corps, si sévèrement reproché aux monastères. Ses vues étaient plus larges. Il suffit d'étudier ses actes pour comprendre qu'il avait en vue l'utilité générale : il voulut améliorer toutes choses et substituer partout aux maux qui résultaient de l'oppression la paix et le contentement, fruits de l'aisance matérielle. (D'Ayzac, Introd., p. LXIV.)

Testament de l'abbé Suger.

Dom Félibien nous a conservé le testament de Suger.[1] Ce document est remarquable sous plusieurs rapports. Il porte la date de l'année 1137; il est donc de quinze ans antérieur à sa mort.

L'abbé Suger commence par faire avec une

---

[1] D. Félib., pièces justif. N° 133.

grande humilité la confession de ses fautes passées : „*Memoriam faciens iniquitatum mearum antiquarum..... annos meos in amaritudine animæ meæ reponens, deplangere et abhorrere cœpi.....*" Puis il déplore son ingratitude envers Dieu, qui l'a retiré de la poussière malgré son indignité, „*valida Domini manus me pauperem de stercore erexit.*" — Afin que Dieu ait pitié de son âme, il demande qu'après sa mort un service solennel de *requiem* soit célébré annuellement dans toutes les églises dépendantes de l'abbaye. Il entre dans tous les détails concernant la célébration de cet anniversaire, sans oublier la double ration que les religieux doivent avoir à table ce jour-là, en mémoire de lui : „*duas videlicet omnibus fratribus plenarias exhibendo pitantias.*" — Et parce que c'est par les aumônes que les péchés sont rachetés, — *quia eleemosynarum largitate peccata redimuntur*, — il veut que le religieux chargé de la distribution des aumônes donne en ce jour d'abondantes rations aux pauvres, en pain, viande, vins, blé, dont la quantité est stipulée.

Dans ce testament, Suger nomme particulièrement le Prieuré de Saint-Alexandre, qu'il appelle lieu vénérable dans le Val-de-Lièpvre, où il veut qu'une messe soit dite tous les ans pour les défunts. „*Item apud sanctum Alexandrum, venerabili loco Lebrahæ missam pro defunctis feria septima, anniversarium nostrum et divinas pro nobis aures sollicitare imploravimus.*"

Une Bulle du Pape Lucius III.

Dans le cartulaire de Saint-Denys se trouve une bulle du Pape Lucius III, qui constate l'état de prospérité où Suger laissa l'abbaye de Saint-Denys à sa mort.[1] Nous citons ce document avec d'autant plus de plaisir que sa date (1183) coïncide avec celle d'une autre bulle du même Pape dont nous possédons l'original et qui est adressée à la célèbre abbesse de Sainte-Odile, Herrade de Landsperg,[2] et qui porte les noms des mêmes cardinaux qui ont signé les deux bulles, ce qui est une forte preuve de l'authenticité des deux documents.

Cette charte nous fait aussi connaître l'intérêt que Lucius III portait à l'abbaye de Saint-Denys, dont il se déclare le constant protecteur, et dont il loue le dévouement au Saint-Siège.[3] Puis il confirme tous les privilèges accordés par ses prédécesseurs et en particulier celui qui exemptait l'abbaye de la juridiction de l'évêque de Paris. Il recommande ensuite aux religieux de ne pas abuser

---

[1] Pièces justif. N° 148.

[2] Ce curieux document, écrit sur parchemin très épais, il y a tout juste sept siècles, est parfaitement conservé; l'écriture est fraîche comme si elle ne datait que d'aujourd'hui. Il est encore muni du sceau en plomb, portant d'un côté les effigies des apôtres saint Pierre et saint Paul, et de l'autre le nom du Pape Lucius P. P. III.

[3] Ibid. — „*Ea propter, dilecti in Domino filii, vestris postulationibus clementer annuimus et praefatum monasterium quod specialiter beati Petri juris existit, in quo divino estis obsequio mancipati sub b. Petri et nostra protectione suscipimus.*"

de ce privilège, et ordonne que la règle de saint Benoît soit inviolablement observée. Il ajoute que sa volonté est que les biens dont le monastère est en possession, qu'ils viennent de la libéralité des rois et des seigneurs, ou des aumônes des fidèles, lui restent à jamais acquis; et entrant dans les détails, il nomme les domaines de l'abbaye.

IV.

Cédant au désir de faire connaître les plus célèbres abbés de Saint-Denys, nous allons retracer rapidement la vie de ceux d'entre eux qui se sont particulièrement distingués par la sagesse de leur administration : Eudes de Clément, Mathieu de Vendôme, Gilles de Pontoise, etc.

1° Eudes de Clément.

(1228-1245.)

Dom Félibien parle de l'intérêt que l'abbé Eudes portait aux prieurés dépendant de son monastère, et particulièrement à celui de Lebraha (Lièpvre) en Alsace, pour lequel il fit un emprunt de cinq cent cinquante livres, afin de lui venir en aide dans un moment de détresse.[1] Un des principaux mérites de cet abbé est d'avoir entrepris la reconstruction de la basilique, encouragé, dans cette entreprise, par le roi saint Louis et la reine Blanche, sa mère, qui en supportèrent les principaux frais. L'œuvre courageusement commencée par Eudes de Clément fut achevée par son troisième successeur Mathieu de Vendôme, dont nous parlerons plus loin. L'administration de ces deux abbés

[1] D. Félibien, p. 226.

fut une époque de construction et d'embellissement de la basilique. Dans les officines de l'abbaye régnait une grande activité parmi les ouvriers artistes, „les lathomiers, les ymaigiers, les peintres, les orfèvres", dont les œuvres étaient pour tout le monde un objet d'admiration.

Saint Louis et la reine-mère professaient une haute estime pour l'abbé Eudes. Il était invité à toutes les fêtes de la cour. En 1234, il assista, revêtu des ornements pontificaux, au couronnement de la reine Marguerite de Provence. La cérémonie fut accomplie à Sens par l'archevêque Gauthier, en présence du roi, de sa mère, de ses frères et d'un grand nombre de seigneurs.

L'administration de l'abbé Eudes fut marquée par un événement qui remplit de joie le roi et toute la France : nous voulons parler de la translation de la couronne d'épine, dont l'empereur de Constantinople avait fait présent à saint Louis. Le pieux monarque, voulant donner à la réception de ce précieux trésor toute la solennité possible, se rendit à cinq lieues au delà de la ville de Sens, pour recevoir la sainte relique et la porter ensuite à Paris avec une piété et une humilité dont s'édifièrent tous les témoins.

Le roi voulut que l'abbé et toute la communauté de Saint-Denys fussent présents à cette solennité, revêtus de chappes comme aux grandes processions. On devait se rassembler hors de la ville, du côté du bois de Vincennes. Tous ceux qui assistèrent à la procession, le roi lui-même, les évêques, le clergé régulier et séculier marchèrent pieds nus, témoignant ainsi de leur respect pour la sainte couronne. Guillaume, chantre de Saint-Denys, entonna les cantiques de circonstance, qu'on chanta le long du chemin jusqu'à l'église de Notre-Dame. L'abbé Eudes eut sa place à la droite de l'autel avec les archevêques, les évêques et les autres abbés en habits pontificaux. L'insigne relique fut ensuite déposée dans la chapelle que Louis VI avait fait bâtir dans l'enceinte de son palais.

L'abbé Eudes mit un soin particulier à faire fleurir la piété et la régularité parmi ses religieux, leur prêchant plus encore par son exemple que par ses paroles. Il veillait avec une égale sollicitude au bien matériel de la maison. Il fit aussi quelques règlements : il prescrivit entre autres que la fête de saint Bernard fût à l'avenir célébrée avec grande solennité, le 25 août : ce dont toute la communauté se réjouit, désirant ainsi donner un témoignage public de reconnaissance au glorieux ami de l'abbé Suger.

Ce qui prouve l'affection que saint Louis portait à l'abbé Eudes, c'est que le roi l'appela pour être parrain de son fils aîné, qui fut baptisé par Guillaume, évêque de Paris. Eudes lui donna le nom de son père. La naissance de cet enfant causa une grande joie dans tout le royaume.

Peu de temps après, cette joie fit place à une consternation générale, la nouvelle s'étant répandue que le roi était tombé dangereusement malade. — La première pensée de saint Louis fut de se recommander à la protection de saint Denys et de ses compagnons de martyre. — Connaissant les intentions du roi et de la reine, l'abbé Eudes fit faire des prières publiques dans la basilique, où les châsses des martyrs furent levées et portées en procession autour de l'église et du cloître. Tous les religieux marchèrent pieds nus, priant le Seigneur avec larmes de rendre la santé au roi par les mérites des glorieux patrons. Ces prières furent exaucées.

Eudes de Clément ne devait pas finir sa carrière à Saint-Denys. Le siège archiépiscopal de Rouen étant venu à vaquer, le Pape Innocent IV le nomma à ce siège. Le Saint-Père, dans une bulle datée du 30 mars 1245, fait son éloge, disant de lui qu'il est un prélat d'une grande probité et de beaucoup de savoir.[1]

2° Mathieu de Vendôme.
(1256-1285.)

Nous avons dit que l'abbé Mathieu de Vendôme continua l'œuvre de reconstruction de la basilique, commencée par Eudes de Clément. C'est à son administration de 29 ans qu'est due la restauration complète de l'abbaye et de l'église. Il construisit dans le collatéral septentrional les chapelles de saint Louis, de saint Pantaléon et de saint Martin; il releva la flèche de la tour du

[1] *Concil. Rothom.*, p. 250.

nord; il fit sculpter le jubé par un religieux convers, grand artiste, du nom de frère Jacques. C'est sous ses ordres que maître Gauthier couvrit le grand comble de l'église d'une belle crête en fer, et que le verrier Guillaume orna toutes les fenêtres de vitraux magnifiques.

L'abbé Mathieu jouissait à un haut degré de l'estime et de la confiance de saint Louis et de Philippe-le-Hardi son fils, qui eurent recours à ses conseils dans toutes les affaires d'une certaine importance. Saint Louis ne crut pas pouvoir confier à un plus digne la régence du royaume pendant la croisade.

Un de ses premiers soins, quand il eut accepté le gouvernement de l'abbaye, fut de faire restituer au monastère quelques biens dont il avait été frustré. A cet effet, il obtint du Pape Alexandre IV plusieurs rescrits adressés aux évêques de France, les invitant à soutenir l'abbé dans cette revendication. Ce fut aussi par ses soins que le roi déchargea l'abbaye des impôts pour le transport des denrées. Le roi Henri III d'Angleterre se trouvant à Paris où saint Louis l'avait comblé d'honneurs, ne voulut pas quitter la France sans avoir visité le tombeau des saints martyrs. L'abbé Mathieu et tous les religieux, revêtus de leurs ornements de fête, se portèrent processionnellement au devant du pieux monarque. Celui-ci séjourna plus d'un mois dans l'abbaye, à laquelle il fit de riches présents.

Nous avons parlé ailleurs [1] de la dévotion de saint Louis pour Saint-Denys. La dernière fois

[1] Voy. p. 137 et 138.

qu'il vint à l'abbaye pour prendre l'oriflamme, la solennité reçut un éclat particulier du baptême d'un juif de haut rang, dont le roi avait voulu être parrain. Le roi y invita les ambassadeurs de Tunis qui se trouvaient alors à Paris; ils lui avaient fait espérer que leur roi se convertirait à la religion chrétienne. Aussi, se tournant vers eux après la cérémonie, il leur dit d'un ton ferme et assuré : „Dites à votre maître que je consentirais de bon cœur à passer le reste de mes jours dans la plus obscure prison des Sarrasins, si je pouvais avoir la consolation de le voir baptisé lui et ses sujets." Cette parole, vraiment digne d'un saint, n'étonne pas quand on sait tout ce que ce roi a fait pour la propagation et la défense de la foi.

C'est vers ce même temps (1269) qu'avant de partir pour une nouvelle croisade, et ayant le pressentiment qu'il devait y laisser la vie, il fit son testament, et nomma pour en être les exécuteurs l'évêque de Paris et les abbés de Saint-Denys et de Royaumont. Il donna la régence à l'abbé Mathieu de Vendôme et à Simon de Nesle, dont il connaissait les talents et la probité.

Après avoir pris tous les arrangements pour le départ, il vint selon la coutume des rois, ses prédécesseurs, au tombeau des saints patrons, accompagné de la famille royale et des seigneurs de la cour. Il prit l'oriflamme de dessus l'autel, en qualité de comte du Vexin, et reçut de la main de Raoul, évêque d'Albe, légat apostolique, les insignes du pélerin, c'est-à-dire le bourdon et l'écharpe. La cérémonie fut des plus touchantes : les assistants furent émus jusqu'aux larmes. La solennité se termina par la bénédiction avec le saint Clou et la sainte Couronne.

En roi très chrétien, Louis IX tenait surtout à ce que la loi de Dieu fût partout observée dans son royaume. Dans la première lettre qu'il écrivit au régent Mathieu de Vendôme, il lui recommanda de punir sévèrement le blasphème et les autres crimes ; de veiller à ce que la justice fût exactement rendue, et de destituer sans hésiter les juges convaincus de s'être laissé gagner par des présents. Dans une seconde lettre, il fit part à l'abbé de Saint-Denys de la résolution qu'il avait prise de passer droit en Afrique, avant de se rendre en Asie. On sait la triste issue de cette croisade. Dans ses derniers moments, le roi ne cessait de se recommander, lui et tout son royaume, à saint Denys. Voulant attendre son juge dans la position d'un pénitent, il se fit coucher par terre sur un lit de cendres, où il rendit son âme à Dieu, le 25 août, après avoir gouverné la France pendant 44 ans avec une rare sagesse. La consternation fut extrême dans tout le royaume.

Dans une bien touchante lettre que Dom Félibien nous a conservée,[1] Philippe, fils et successeur de saint Louis, fit part à l'abbé de Saint-Denys de sa grande douleur, et demanda des prières pour le repos de l'âme du roi et de la reine Isabelle son épouse, d'un frère et d'un beau-frère qu'il venait

[1] Pièces justif., p. 181.

de perdre en moins de six mois. Il demanda en même temps que les restes du saint roi fussent portés solennellement à la basilique de Saint-Denys, pour y être enterrés selon l'intention que le pieux souverain avait souvent exprimée.

Les corps du roi, de la reine Isabelle et de Tristan, comte de Nevers, furent d'abord déposés dans l'église de Notre-Dame. Toute la nuit, on chanta des psaumes. Dès le grand matin, le clergé, les religieux et une grande multitude de personnes de tous les rangs partirent en procession pour Saint-Denys, où les corps devaient être enterrés. Le roi Philippe suivit à pied, accompagné de toute la cour. Il voulut porter lui-même sur ses épaules les ossements de son père, donnant ainsi un grand exemple de piété filiale. Les religieux de Saint-Denys sortirent en chappes au devant du convoi, jusqu'à une demi-lieue, et l'accompagnèrent jusqu'à leur église en chantant. L'archevêque de Sens et l'évêque de Paris suivirent, revêtus de leurs ornements pontificaux. Il se passa alors un fait qui prouve avec quel soin scrupuleux l'abbé de Saint-Denys veillait au maintien de ses droits et prérogatives. Le cortège, arrivé près de la basilique, en trouva les portes fermées. Il fallut que les deux prélats, qui jusque-là présidaient à la cérémonie funèbre, déposassent les insignes de leur dignité avant d'entrer dans la basilique, où leur juridiction cessait et où commençait celle de l'abbé. L'office des morts fut chanté et suivi de la messe solennelle. Saint Louis avait recommandé dans son testament que son enterrement se fît sans pompe, mais son fils ne crut pas en cela devoir obéir à son père ; il lui fit élever un tombeau magnifique, où l'or, l'argent, et les pierres précieuses étaient en quelque sorte prodigués. Mais ce qui rendit ce sépulcre plus illustre que toutes les pompes extérieures, ce fut le grand nombre de miracles par lesquels il plut à Dieu de glorifier le saint roi, et qu'on peut lire dans les auteurs qui ont écrit sa vie.

Mathieu de Vendôme fut certainement un des abbés les plus distingués, qui aient gouverné le monastère de Saint-Denys. Pendant vingt-neuf ans que dura son administration, il sut maintenir l'esprit de piété et de régularité parmi les religieux. L'abbaye de Saint-Denys jouissait d'une telle réputation de ferveur qu'elle était regardée comme l'abbaye modèle, et comme une pépinière d'abbés. Plusieurs communautés, entre autres celles de Saint-Laumer de Blois et de Saint-Pierre de Ferrières, s'adressèrent à Mathieu de Vendôme pour avoir des supérieurs formés sous sa direction. Les vertus dont l'abbaye de Saint-Denys était devenue le célèbre asile avaient gagné l'estime et la confiance des personnages les plus considérables du siècle. Charles d'Anjou, roi de Sicile, étant venu en France, ne voulut pas s'en retourner, qu'il n'eût vu d'abord l'abbé et les religieux de Saint-Denys pour se recommander à leurs prières : ce qu'il fit avec beaucoup d'humilité, en présence de toute la communauté assemblée au chapitre. Le roi s'étant mis à genoux, l'abbé lui présenta à baiser les saints Évangiles.

Comme Fulrade, Hilduin et Suger, l'abbé Mathieu mérita par la supériorité de ses talents et de ses vertus de devenir le conseiller des rois saint Louis et Philippe-le-Hardi. La confiance dont l'honora le plus saint roi qui ait gouverné la France, restera toujours le plus bel éloge de cet abbé. Il n'était pas en moindre estime auprès des Papes Clément IV, Nicolas III, Martin IV et Honorius IV qui l'affectionnèrent beaucoup et le comblèrent de bienfaits. Quoiqu'il eût toutes les qualités qui doivent orner un évêque, par humilité il n'accepta jamais cette dignité qui lui avait été offerte plusieurs fois. [1]

3° Gilles de Pontoise.

(1304-1325.)

L'élan que Mathieu de Vendôme avait donné aux travaux d'art et de littérature, ne fit que croître sous ses successeurs, parmi lesquels se distingua Gilles de Pontoise. Un de ses principaux mérites fut le zèle qu'il mit à former des copistes habiles, pour la reproduction des anciens manuscrits. La grande salle qui servit à ces travaux s'appelait le *Scriptorium*. Nous croyons devoir entrer ici dans quelques détails, puisque nous sommes à une époque où l'on se plaît à décrier

---

[1] *Gall. christ.* T. 2, p. 575.

les monastères des anciens temps comme l'asile de la paresse et de l'ignorance.

Le *Scriptorium* fut la gloire des abbayes du Moyen-Age. Celui de Saint-Denys était déjà célèbre au neuvième siècle: c'est là que les moines Béringar et Luithard, comptés parmi les copistes les plus renommés de ce temps, exécutèrent l'admirable évangéliaire *(Codex evangeliosum)* que possédait autrefois l'abbaye de Saint-Denys. De là sortirent tant d'œuvres, qui attestent la science littéraire des Bénédictins de ce monastère. Là furent élaborés ces manuscrits incomparables, rehaussés d'or et d'éclatantes peintures qui font encore l'étonnement des temps actuels, et dont nous avons admiré des spécimens, conservés dans la Bibliothèque nationale de Paris. C'est du *Scriptorium* que sortirent ces livres liturgiques, ces magnifiques *plenaria* dont le Pape Innocent III exigeait annuellement deux exemplaires de la main des copistes de l'abbaye; ces chefs-d'œuvre de calligraphie et d'enluminure, dont la reliure était en bois ou en ivoire artistement sculptés, découpés en filigranes avec des figures en relief, ou bien en lames de métal repoussées, incrustées de perles et de pierreries.

Après la mort de Mathieu de Vendôme, les travaux du *scriptorium* furent poussés avec grande activité par ses successeurs Gilles de Pontoise, Guy de Châtres et Guy de Monceaux. Sous l'abbé Gilles, l'écriture, l'enluminure, la reliure étaient d'un rapport considérable pour l'abbaye. D'après les comptes conservés aux archives de l'abbaye, on recevait en 1287 deux sous pour transcription de chartes, et soixante-et-dix sous pour la vente d'un antiphonaire et d'un psautier, quand c'était pour un autre monastère. En 1288, on payait quatre livres, quinze sous pour une copie de chartes de privilèges, comme pour l'enluminure d'un cartulaire. En 1289, pour transcription de privilèges, trente-deux sous; pour un cartulaire, quarante. En 1292, six livres cinq sous pour la notation de deux graduels et d'un séquenciaire; pour l'abréviation et l'enluminure des Chroniques, soixante-et-dix sous; trois à six sous, pour du vermillon; pour réparation d'une reliure de livres, quarante-cinq sous; pour plusieurs cahiers écrits, cinquante sous; pour manuscrits de chartes, trente sous huit deniers; pour la reliure d'un cartulaire, douze sous; pour des écritures touchant l'échange d'une terre avec le baron de Montmorency et d'autres seigneurs, et pour y apposer le scel, sept livres. [1]

---

[1] *Archives de France.* Livre 143 des *Menues dépenses de l'abbaye de Saint-Denys.* Fol. 181.

Anno	L. S. D.
1287. Pro uno antiphonario et psalmario empto.	—, 70. —
Pro cartis transcribendis.	—, 2. —
1288. Pro transcriptis privilegiorum, cartarum et librum cartarum illuminare et pro libris aliis.	4, 15. —
1289. Pro privilegiis scribendis.	—, 32. —
Pro cartis scribendis	—, 40. —
1290. Pro caterno scribendo.	—, 50. —
1292. Pro pluribus libris religandis et reparandis.	—, 45. —

LE SCRIPTORIUM 225

Pour l'écriture, la notation, l'enluminure, la reliure et le charriage de livres écrits dans le monastère, quarante-deux livres et dix-huit sous ; pour transcription de chartes, de privilèges et d'autres copies, soixante-dix-huit sous ; pour des écritures faites pour le frère maître de Luosys, procureur, vingt livres ; pour les mêmes travaux par Guillaume *de Nemore* trente-huit livres ; pour nouvelle transcription de livres du monastère, soixante sous. Quarante livres pour la composition

Anno		L. S. D.
	Pro duobus gradalibus et uno sequenciario notando	6, 5. —
	Pro cronicis abbreviandis et illuminandis.	0, 70. —
	Pro caternis scribendis	0, 50. —
	Pro litis de eschambio de terra de Montemorenciaco et aliis scribendo et sigillando	7, —. —
	Pro manuscriptis cartarum	0. 30. 8
	Pro uno chartererio religando	0, 12. —
	Pro vermelione empto.	0, 3. —
1324.	Pro chartis, privilegiis et aliis scribendis.	0, 78. —
1336.	Pro scripturis factis pro monasterio, domino abbate, libris notandis, corrigendis, illuminandis, trahendis et religandis	42, 18. —
	Pro censibus colligendis et scribendis . .	0, 40. —
	Pro scripturis et aliis factis per fratrem magistrum de Luosys procuratorem .	20, —. —
	Pro eodem per Guilhelmum de Nemore. .	38, —. —
1339.	Pro libris monasterii trahendis et religandis.	0, 60. —
	Pro uno novo breviario facto, computatis omnibus	40, —. —
	Pro scripturis et aliis factis per fratrem Adam du Rouvre, procuratorem. . .	42, 6, 7
	Pro eodem p. J. de Bacquemoulin pro duobus annis.	75, 13, 10

d'un nouveau bréviaire, transcription, enluminure, reliure ; des écritures, faites pour le procureur frère Adam du Rouvre, sont payées quarante-deux livres six sous et sept deniers ; deux ans d'écriture par Jean de Bacquemoulin, soixante-quinze livres treize sous six deniers.

Les mêmes comptes indiquent aussi le prix des parchemins. On l'employait pour les cartulaires, les registres de comptes, les chroniques et pour la rédaction d'ouvrages de science, de littérature, d'histoire.[1]

Pour avoir une idée du prodigieux mouvement artistique qui régnait dans les monastères du Moyen-Age, nous conseillons une visite à la salle des manuscrits de la bibliothèque nationale de Paris. C'est là que se trouvent accumulées par milliers ces œuvres admirables, sorties des mains des religieux. Elles nous disent ce qu'il faut penser de toutes ces déclamations que certaines gens se permettent de faire contre les moines du Moyen-

---

[1] Anno   L. S. D.

		L.	S.	D.
1289.	Pro pergameno empto.	0,	30.	—
1290.	Pro pergameno empto pro cartis et caternis faciendis.	4,	8,	8
	Pro pergameno empto pro Domino abbate.	7,	9,	3
1323.	Pro pergameno empto.	6,	—.	—
1325.	Pro pergamenis et papyris emptis	4,	18.	—
1339.	Pro pergamenis et papyris emptis	0,	64.	—
1403.	Pour trois bottes de parchemin, à Avignon.	13,	8.	—
	Pour lier et fardeler ledit parchemin.	0,	2.	—
	Pour le portage par les mules de Martin de Mont-Blanc	0,	28.	—

(*Archives de France.* Comptes ms. de la grande Commanderie.)

Age, et qui prouvent simplement leur ignorance en histoire.[1]

L'abbé Gilles de Pontoise administra le monastère sous les rois Philippe-le-Bel, Louis X et Philippe V. Il était très considéré à la cour. Philippe V lui conserva son rang distingué au Parlement parmi ses principaux conseillers, pendant qu'il en excluait tous les prélats, évêques et abbés. Dans une ordonnance de 1319, le roi exprime ainsi sa volonté à ce sujet : „Premièrement il n'y aura nuls prélats députez au parlement; car le Roy fait conscience de eux empêcher au gouvernement de leurs spiritualistes..... Item en parlement aura un baron ou deux..... Item entre le chancelier et l'abbé de Saint-Denys y aura huit clercs et douze laïcs." — Si plus tard les

---

[1] Nous avons eu l'occasion d'admirer ces magnifiques manuscrits sur parchemin, illustrés par des peintures en miniature, représentant la vie et les diverses scènes du martyre de saint Denys et de ses compagnons. Ces chefs-d'œuvre, sortis du *Scriptorium* de Saint-Denys au XIIe et au XIIIe siècle, sont encore remarquables aujourd'hui par l'éclat de l'or et la fraîcheur des couleurs. Nous nous sommes fait montrer le magnifique cadeau que le duc de la Trémoille a fait à la bibliothèque nationale de Paris, il y a quelques années, et dont le journal l'*Univers* a parlé avec grand éloge, le 17 décembre 1877. C'est un ouvrage inestimable, un manuscrit exécuté dans l'abbaye de Saint-Denys en 1250, contenant 67 feuillets en parchemin et 30 tableaux fort curieux, représentant la vie et le martyre de saint Denys *l'Aréopagite*. C'est un monument qui fait honneur au *Scriptorium* de cette époque, et à l'administration du célèbre abbé Mathieu de Vendôme. Cet ouvrage est à consulter, comme les *Histoires* de DOM FÉLIBIEN, de DOM DOUBLET, de la *Vie de Suger* par DOM GUILLAUME, de DOM MABILLON, de Mme F. D'AYZAC, etc., etc.

archevêques et évêques ont obtenu d'être membres du Parlement, c'était sans y avoir voix délibérative.

L'abbé Gilles ne se contenta pas d'avoir décoré l'église; sa charité pour ses frères le porta à construire le grand bâtiment des infirmeries. Il chargea un de ses religieux, nommé Yves, d'écrire une nouvelle *Histoire de la vie de saint Denys*, pour *prouver qu'il était l'aréopagite*. L'abbé la dédia au roi Philippe. Dans l'épître dédicatoire, il prend le titre de chapelain de Sa Majesté, titre que quelques-uns de ses prédécesseurs avaient pris avant lui. L'abbé Gilles mourut en 1326, après avoir gouverné l'abbaye pendant 21 ans. Il est compté parmi les abbés les plus célèbres de Saint-Denys. Son épitaphe se trouve dans D. FÉLIB., p. 574. Il y est appelé *Abbas Ægidius, actibus egregius... Christi zelator, templi, domuum reparator*.

Les abbés, qui suivirent Gilles de Pontoise dans le gouvernement du monastère, ont eu à traverser des temps difficiles et malheureux. La France était en guerre avec l'Angleterre. La perte de la bataille de Poitiers, où le roi Jean fut fait prisonnier, attira des maux infinis sur tout le royaume. Un ennemi plus redoutable que la guerre avec l'étranger, et dont les Anglais surent tirer grand avantage, fut la division des partis à l'intérieur. La sûreté n'existait plus nulle part, beaucoup de monastères furent abandonnés en présence du danger que couraient les religieux et les religieuses d'éprouver les dernières violences. Pour se garantir contre les attaques, les moines de Saint-Denys fortifièrent le monastère en l'entourant de fossés et de fortes murailles. A tous les malheurs publics vinrent se joindre, en 1363, la disette et une contagion générale.

4° Guy II de Monceaux.

(1363-1398.)

C'est vers cette époque que nous voyons l'administration de l'abbaye confiée à un religieux, dont les historiens font le plus grand éloge, à *Guy de Monceaux*. Citons : „L'écusson de ses armes, gravé sur sa tombe, ne laisse aucun doute sur l'origine de son extraction. L'éclat de son nom était encore relevé par celui de ses grandes qualités. L'abbé Guy était sage, prudent et plein de douceur. Il s'était nourri de bonne heure, l'esprit et le cœur, dans les divines écritures; et l'intelligence qu'il en avait acquise lui rendit cette étude très profitable à lui-même et à tous ceux qui eurent le bonheur d'être sous sa direction. Il était docteur en droit canon et civil, avant d'être nommé abbé; il cultivait toujours, depuis, cette science et fit transcrire plusieurs livres de droit à l'usage de l'abbaye." Sa capacité, encore plus que son rang, le fit employer aux affaires les plus importantes de l'État, comme nous le verrons dans la suite.[1]

Le roi Charles V, surnommé le Sage, se montra toujours plein de bienveillance pour l'Abbaye et pour son digne supérieur, qu'il n'appelait pas autrement que *son cher et fidèle conseiller*. Le pieux monarque fit son possible pour réparer, par ses largesses, au moins en partie, les pertes que le monastère avait éprouvées par suite de la guerre. Charles VI fut animé des mêmes sentiments que son prédécesseur pour l'abbé Guy de Monceaux. Dans les séances du Parlement, où siégeaient un grand nombre d'évêques, l'abbé de Saint-Denys occupait toujours le premier rang parmi les abbés. L'année 1380, le roi Charles VI reçut l'onction sainte à Reims. L'abbé de Saint-Denys assista à la cérémonie et présenta les habits royaux, dont la garde était de droit confiée à l'abbaye. Quelque temps après, le jeune roi vint à Saint-Denys, se recommander, lui et son royaume, à la protection des saints martyrs. L'abbé et les religieux se rendirent jusqu'à l'entrée de la ville pour le recevoir et le conduire en procession dans la basilique, en chantant des psaumes.

Ce roi fit une grande réforme concernant les membres du Parlement. Ces assemblées se composaient alors d'un grand nombre d'évêques et d'abbés, ce qui nécessitait de fréquentes absences de leurs diocèses et monastères. Les évêques et les abbés furent rayés du nombre des conseillers,

---

[1] D. Félib., p. 281.

à l'exception de l'abbé de Saint-Denys. Cette exception montre quel rang élevé tenaient alors les abbés de ce monastère. C'était aussi de la part du roi un témoignage de reconnaissance pour les services que plusieurs de ces abbés avaient rendus à l'État.

L'abbé Guy de Monceaux gouvernait l'abbaye depuis trente-trois ans, lorsque Dieu l'appela à lui, l'an 1396. L'époque de son administration fut une des plus malheureuses pour la France et pour l'Église, à cause des guerres continuelles et du schisme d'Occident. Guy de Monceaux, heureusement, était à la hauteur des circonstances. Un religieux qui a écrit sa vie, parle de lui dans ces termes : „Il avait reçu de la nature un génie supérieur. A ses talents naturels, il joignait des manières douces et agréables. Il sut unir, dans sa personne, la piété d'un religieux à la probité d'un parfait honnête homme; la prudence, à une grande charité. S'il était obligé de reprendre, il le faisait avec douceur, ce qui fut cause qu'on l'accusait de trop d'indulgence. A ceux qui lui faisaient ce reproche, il répondait : „J'aime mieux être repris de „trop d'indulgence au jugement de Dieu que de „trop de sévérité. *Malo de nimia misericordia quam „de nimia severitate coram summo judice reprehendi.*" Guy de Monceaux était réputé un des plus savants théologiens de son temps ; il augmenta la bibliothèque de l'abbaye d'un grand nombre de livres, et malgré les pertes considérables que le monastère avait faites, il trouva le moyen, par une sage économie, de donner du relief au culte par l'acquisition de riches ornements. Sur son épitaphe on lit :

„Hic nobilis, benignus, prudens,
In scripturis sacris olim studens,
Doctor factus......
Et quam plures libros scribi fecit
Tam divini quam humani juris,
Nec mundanis minus vacans curis, etc., etc."

5° Les Abbés Commendataires.

Nous pourrions continuer ce tableau des abbés célèbres de Saint-Denys. Plusieurs de ceux qui ont succédé à Guy de Monceaux mériteraient qu'on racontât leur vie; mais le cadre que nous nous sommes tracé nous force de nous arrêter. Nous croyons cependant utile de dire quelques mots des abbés commendataires qui ont gouverné l'abbaye à deux époques différentes. La première remonte au règne de Louis-le-Débonnaire, à l'an 842, et finit sous le roi Hugues Capet : elle a duré cent dix-huit ans. [1]

[1] Les sept abbés commendataires successeurs de Louis Ier furent : en 870, Charles-le-Chauve ; en 877, Goslin, élevé plus tard au siège épiscopal de Paris ; Eudes Ier, roi de France, non mentionné dans le Catalogue des abbés, mais nommé dans l'Inventaire des chartes de Saint-Denys ; Robert Ier, comte de Paris, plus tard roi de France ; Hugues-le-Grand ; son fils, deuxième du nom ; enfin Hugues Capet, troisième du nom comme abbé.

La seconde commença en 1529 sous François Ier et finit en 1662 sous le cardinal de Retz, qui fut le dernier des abbés commendataires.

C'est à l'abbaye de Saint-Denys que Louis-le-Débonnaire, dépossédé par ses fils, fut réintégré sur le trône. La cérémonie eut lieu avec une pompe extraordinaire, en présence d'un grand nombre d'évêques et d'abbés, aux acclamations d'une foule innombrable (V. p. 134).

A partir de ce jour, Louis Ier, sans doute dans une intention pieuse, pour avoir une plus large part aux prières de la communauté, prit le titre d'abbé de Saint-Denys; mais ce ne fut pas au détriment des droits de l'abbaye, ni pour s'attribuer une part des revenus du monastère. Au contraire, en prenant ce titre, le prince se constituait le protecteur et le bienfaiteur de l'abbaye. C'était l'époque où les Normands exerçaient leurs fréquents ravages sur les bords de la Seine : si l'abbaye souvent menacée échappa plusieurs fois au pillage et à une complète destruction, elle le dut à la protection du pieux monarque.

L'empereur Charles-le-Chauve ne comprit pas autrement que Louis Ier son titre d'abbé. Pendant qu'il était à Cologne, les Normands vinrent envahir le monastère de Saint-Denys. Heureusement les religieux avaient eu la précaution de mettre en lieu de sûreté les saintes reliques et le trésor. Les Normands commirent toutes sortes d'excès, jusqu'à violer les tombes, et ne se retirèrent qu'après s'être fait payer de nouveaux tributs. Pour mettre l'abbaye en état de **défense** contre ces invasions, Charles-le-Chauve la fit entourer, en 868, d'une double enceinte de murs et de remparts crénelés. Ces ouvrages de défense sont mentionnés dans les chartes sous le nom de *Castellum Sancti Dionysii*.

Ce prince fit plusieurs donations de biens fonds à l'abbaye, pour la relever de l'état de détresse où l'avaient réduite les guerres continuelles, dont elle avait supporté en partie les frais. L'histoire de l'abbaye fait sur ce prince la réflexion suivante : „Si Charles-le-Chauve prit le titre d'abbé de Saint-Denys, ce fut plutôt pour protéger l'abbaye que pour profiter des revenus qui faisaient la portion de l'abbé."[1]

Ce témoignage n'est déjà plus applicable aux abbés commendataires qui suivirent, à l'exception de Hugues Capet, lequel se démit de son titre d'abbé et rendit aux religieux la liberté d'élire leurs supérieurs selon les constitutions de la règle bénédictine.

Le rétablissement de la commende par François Ier, en 1529, fut un grand malheur pour l'abbaye. Cette période, qui vit se succéder neuf abbés commendataires, finit sous Louis XIV. Ces abbés, issus pour la plupart de la haute noblesse, riches et accoutumés à mener grand train, causèrent, par leur vie mondaine, la décadence de la discipline monastique. Ils furent plutôt les spoliateurs que les gardiens du monastère. Les religieux les subirent sans oser se plaindre ; mais ils consi-

[1] D. Félib., p. 93.

déraient leur intrusion dans l'abbaye comme un sacrilège, et s'irritaient contre les princes qui les avaient imposés au monastère.

Il est incontestable que la commende a été une des causes du relâchement qui s'est introduit dans les monastères, et même de leur ruine matérielle. „Cette commende, écrit M. de Montalembert, [1] avait pour résultat de livrer le titre d'abbé, avec la plus grande partie des revenus d'un monastère, à des ecclésiastiques étrangers à la vie régulière, trop souvent même à de simples laïques, pourvu qu'ils ne fussent pas mariés. Elle porta partout une atteinte profonde et capitale aux institutions régulières, et là où le protestantisme n'avait pas réussi à les abattre violemment, elle leur inocula un poison honteux et mortel..... Le titre d'abbé, porté et honoré par tant de saints, tant de docteurs, tant d'illustres pontifes, tomba dans la boue. Il n'obligeait plus ni à la résidence, ni à aucun devoir de la vie religieuse."

Dom Doublet dans son *Histoire des Antiquités*, p. 210, jouant sur le nom de ces abbés, les appelle *Comedarii, quia ipsi omnia comedunt;* il ne craint pas d'attribuer les revers du règne de François Ier et sa mort prématurée à leur rétablissement par ce prince; mais laissons plutôt parler l'auteur: „Le Prince Robert, abbé de Saint Denys, dit-il, le cinquième commendataire... se fit aussy abbé de S. Germain des-Prés; car les princes et seigneurs d'alors (903) ne se faisaient conscience, aussy bien qu'on ne fait de présent,

---

[1] *Les Moines d'Occident*, Introd. CLXI, CLXIII.

de s'enrichir du bien de l'Eglise et d'user du titre de commendataires et œconomes. C'est pourquoy il ne faut trouver estrange, si en ce temps les seigneurs et autres personnes qui ne sont religieux et qui ne scavent que c'est de règle ny que c'est de la vie monastique, usurpent les biens ecclésiastiques, veu que ceux de ce temps là leur ont monstré le chemin, qui est un abus intolérable et plein de damnacion.

„Jusques au règne de Karl le Chauve, il n'y avait eu en la royale abbaye de Saint-Denys que des abbés religieux, et fut le dit Chauve qui pour récompenser la noblesse qui l'avait assisté ès guerres, le premier fit ce grand mal à l'église :[1] aussy il en ressentit les effets de la vengeance divine luy et sa postérité qui fut de peu de durée, son règne et celuy de ses enfants pleins de guerres civiles, malédictions, discordes, divisions et partialités, aussi sans police et en fin finale le royaume osté de sa maison et mis en une autre famille.

„Au contraire, le roy Huë Capet, bien qu'usurpateur de la royauté, pour avoir remis l'élection, et donné la liberté à l'Église d'eslire ses pasteurs, son règne et celuy de ses descendans fut de si longue durée, qu'il dure encore en la personne très-sacrée du très-chrétien roy Louis XIII à présent

---

[1] Nous trouvons le jugement de Dom Doublet sur Charles le-Chauve bien sévère, et ne s'accordant pas avec celui de Dom Félibien. On ne peut nier que Charles-le-Chauve ne fût un des plus grands bienfaiteurs de l'abbaye. Voir ce que nous avons dit plus haut (p. 135) des éminents services que ce prince a rendus à l'abbaye.

régnant: son règne et celui de ses successeurs remplis de bénédictions, d'union et de paix, de bonheur, de justice et de police. Et comme le roy Charles-le-Chauve a esté chastié de la main toutepuissante de Dieu et son royaume osté pour avoir introduit les commendes, et le roy Huë Capet bény du mesme Dieu pour avoir rendu la liberté et l'élection à l'Eglise: j'oseray dire, avec vérité, que celui qui derechef a perpétré ce grand mal en l'Eglise et restably les commendes[1] a esté visité et puny de la main vengeresse de ce grand Dieu qui en son ire et couroux chastie coustumièrement les roys de la terre et les grands princes plus puissamment que non pas les petits.

„Qu'ainsy ne soit (car la mémoire en est toute récente, et le royaume de France en gémit et pleure tous les jours du ressentiment qu'il a de ses grandes pertes), n'a l'on pas veu son règne plein de troubles, guerres et partialitez, la détention de sa personne, perte de sa femme et de ses enfants en leur grande fleur et autres adversitez? Et peut-estre que de son temps Dieu a permis que les hérésies ayent pris naissance ainsy qu'il est arrivé. Le règne de ses enfants a-t-il esté plus heureux? Hélas! combien de guerres tant contre l'estranger que principalement dans le royaume sous ses petits enfans! Combien de guerres civiles et intestines! Combien de discordes, partialitez et divisions, *adhuc restant vestigia*; bref, plus aucun de sa lignée qui reste, et son royaume mis en autre famille! C'est pourquoy de

[1] François Ier.

cœur et d'affection je prie Dieu qu'il lui plaise d'oster son ire et couroux de dessus la pauvre France, de toucher le royal cœur de nostre roy Louys XIII surnommé le Juste, et de l'inspirer de rendre à l'Église sa première liberté et l'eslection libre d'eslire ses prélats et pasteurs (gens de bien et craignans Dieu) afin que Dieu le bénie et sa lignée... ce mal ayant causé la ruine de l'Église tant au spirituel qu'au temporel."[1]

Ce n'était qu'avec peine que les religieux subirent un état de choses si contraire aux constitutions de saint Benoît; et ils ne manquaient pas, quand l'occasion s'en présentait, d'exprimer leur mécontentement. Pour le prouver, nous nous bornons à relater le fait suivant: Louis XV était venu à Saint-Denys assister à un service qui eut lieu à la basilique pour le repos de l'âme de Louis XIV. Après la cérémonie, le roi exprima le désir de voir les monuments de l'abbaye. Le grand prieur qui conduisait le prince, lui expliqua tout. Arrivé devant l'autel de saint Benoît, le roi s'arrêta devant la statue de ce saint. L'autel, qui aujourd'hui n'existe plus, était adossé à l'un des piliers de la croisée méridionale, en face du monument funèbre de François Ier. La statue, en marbre

---

[1] Le premier abbé commendataire de cette deuxième série fut le cardinal de Bourbon, parent du roi François Ier. Pour le faire accepter par la Communauté, il y eut encore un semblant d'élection. Un grand nombre de religieux étaient favorables à Jean Olivier, aumônier de l'abbaye; mais la pression exercée par le roi fut telle que les religieux crurent prudent de céder pour ne pas s'exposer à la rancune du roi. — DOM DOUBLET, *Antiquit*, p. 210-218.

blanc, l'un des chefs-d'œuvre de Tuby, représentait saint Benoît, en costume de la congrégation de Saint-Maur, debout, majestueux, austère et détournant la tête. D'une main il tenait la crosse; l'autre portée en avant, semblait faire un geste de rejet. „Quelle est, demanda le roi, l'idée qui a inspiré l'artiste? et pourquoi votre fondateur semble-t-il vouloir ne rien voir, ni ne rien entendre?" — „Sire, répondit le prieur, le sculpteur n'ignorait pas que la statue devait être placée en face de celle de François Ier que Votre Majesté voit sur la plate-forme de son mausolée, en posture de suppliant. Il s'est rappelé que ce prince a rétabli dans Saint-Denys les abbés commendataires, cette ruine de notre maison. Il a supposé que le roi, triste et repentant de cette faute, supplie le saint de l'en absoudre; mais saint Benoît reste inflexible : „Non, non, non! semble-t-il dire, la faute est trop „considérable, il faut que j'en réfère d'abord à „Dieu."

V.

Série des Abbés et Grands Prieurs
QUI ONT GOUVERNÉ LE MONASTÈRE
depuis sa fondation en 628

jusqu'à la révolution de 1792.

SÉRIE DES ABBÉS
Mis en synchronisme avec les règnes contemporains. [1]

Abbés nommés par élection.	Rois de France contemporains. Mérovingiens.
626 Dodon ou Eudes (*regebat*). D'après deux chartes, dont une sans date.	Dagobert Ier 628
632 Chunauld (*regebat*). Mentionné charte de Dagobert, de 632.	Clovis II 638
643 Aygulphe (Frédégaire le place sous Dagobert, ainsi que le rétablissement de la psalmodie perpétuelle).	

---

[1] Nous empruntons ce tableau presque entièrement à l'*Histoire de l'abbaye de Saint-Denys* par Mme D'AYZAC, t. Ier, p. CXXIII et suiv.

Abbés nommés par élection.	Rois de France contemporains. Mérovingiens.
647 Wandebercht (*regebat*). Charte de Clotaire III.	Clotaire III 656
	Thierry III. Childéric II le dépose 670
	Thierry III (supplanté par Pépin en 691) . . 673
	Dagobert II (Austrasie). 674
678 Charderic (*regebat*). Chartes de 678-698	Clovis III 691
690 Chaino (*regebat*). Chartes de 690, 695, 696 . . .	Childebert III 695
710 Dalfin (*regebat*). Charte de 710	Dagobert III 711
712 Chillard. Chartes de 712 et 716	Chilpéric II Daniel.
	Charles Martel duc . . 715
717 Turnoald, évêque de Paris en 693, 696, 697, et descendu de son siège.	
718 (selon Félibien 720). Hugues Ier, charte de donation de Chilpéric II, 720; peut-être le même qui fut abbé de Jumièges, de Fontenelle, ensuite évêque de Rouen	Thierry IV, de Chelles . 720
723 Berthoald, le seul des abbés non mentionné par Mabillon.	
726 Godohald, mentionné. .	Interrègne 737
	Childéric III, rasé, puis enfermé dans l'abbaye de Saint-Bertin, à Saint-Omer . . . 742
748 Amalbert.	
	Carolingiens.
750 FULRADE	Pépin-le-Bref 752
	Charlemagne 768

Abbés nommés par élection.	Rois de France contemporains. Carolingiens.
784 Maginaire (*Lib. de Mirac. S. Dionysii*, c. 19.)	
793 Fardulfe (*Lib. de Mirac. s. Dionys.* et charte du comte Theudald).	
	Charlemagne empereur . 800
806 Waldo (Walton ou Gauthier Ier).	
814 Hilduin	Louis-le-Débonnaire . . 814

Abbés commendataires (1re période).

	Charles-le Chauve . . . 840
842 Louis Ier.	
868 Charles-le Chauve (ou 870, charte, date illisible).	
877 Goslin Ier, évêque de Paris en 884.	Louis II le Bègue. . . 877
	Louis III 879
	Charles-le-Gros. . . . 884
887 Ebole ou Eble (Ebulo) .	Eudes. . 887
892 Eudes Ier roi; non compté (aux archives) parmi les abbés	
903 Robert Ier, comte de Paris, et depuis roi de France (*regebat*) . . .	Charles-le-Simple, roi 893-929
922 Hugues-le-Grand, fils de Robert Ier, ou en 923; 2e du nom dans la série des abbés de St-Denys.	Robert Ier. 922
	Raoul ou Rodolphe. 923
	Louis IV, d'Outre-Mer. 936
	Lothaire 954
956 Hugues (Capet), 3e du nom comme abbé.	

Abbés nommés par élection.	Rois contemporains. Carolingiens.
968 Goslin II (*regebat*). Charte de Richard, duc de Normandie.	
...... Gérard.	
980 Robert II. (Charte de l'empereur Othon III).	
	Louis V, le Fainéant . 986
	Capétiens directs.
	Hugues Capet. . . . 987
994 Odilon, réformateur pendant la vacance.	
	Robert II, le Pieux. . 996
998 Vivien.	
	Henri Ier. 1031
1049 Hugues IV (*regebat*), mort en 1062.	
	Philippe Ier. 1060
1067 Raynier (*regebat*).	
1071 Guillaume Ier (*regebat*).	
1091 Yves Ier (*regebat*).	
	Louis VI, le Gros . . 1108
1111 Adam (*regebat*); en 1094, suivant D. Félibien. .	
1122 SUGER, restaurateur de la basilique et de l'abbaye, régent du royaume en 1147.	
	Louis VII, le Jeune . 1137
1152 Eudes II, de Deuil.	
1162 Eudes III, de Taverny, non mentionné aux archives.	
1169 Yves II.	
1172 Guillaume II de Gap.	
1180 Hugues V de Foucauld.	
	Philippe II, Auguste . 1185
1197 Hugues VI, du Milan.	

Abbés nommés par élection.	Rois contemporains. Capétiens directs.
1204 Henri Ier, Troon.	
1221 Pierre Ier, d'Auteuil.	
	Louis VIII 1223
	Louis IX ou saint Louis. 1226
1228 EUDES IV, DE CLÉMENT, poursuit l'agrandissement de la basilique, abdique en 1245.	
1246 Guillaume III, Macorris, infirmier en 1245.	
1254 Henri II, Mallet, abdique en 1258.	
1258 MATHIEU DE VENDOME, exécute de grands travaux dans l'abbaye et dans la basilique, régent de 1269 à 1270.	
	Philippe-le-Hardi. . . 1270
	Philippe IV, le Bel. . 1285
1286 Renaud de Giffard exécute dans l'abbaye de nombreux et remarquables travaux.	
1304 GILLES Ier, DE PONTOISE, construit l'infirmerie et sa chapelle, la librairie, le *scriptorium* et le mortuaire; il exécute dans l'abbaye d'autres travaux importants; mort en 1325.	
	Louis X, le Hutin . . 1314
	Jean Ier 1316
	Philippe V, le Long . 1316
	Charles IV, le Bel . . 1322
1326 Guy Ier, de Châtres près Arpajon, reconstruit deux galeries dans le palais abbatial et fait exécuter d'autres grands travaux. Abdique.	

Abbés nommés par élection.

Rois contemporains.
Branche des Valois.

Philippe VI de Valois. 1328

1343 Gilles II, Rigaut.

Jean II, le Bon . . . 1350

1351 Gauthier II de Pontoise.
1354 Robert III, de Fontenay; travaux de fortification autour de la basilique et du monastère.
1363 GUY II, DE MONCEAUX; fortifie l'abbaye et la basilique, en fait dresser le terrier et enrichit la bibliothèque du monastère d'un grand nombre de livres.

Charles V, le Sage. . 1364
Charles VI 1380

1393 Philippe Ier, de Villette; fait rédiger le *Livre-Vert*.
1418 Jean Ier de Bourbon.

Charles VII, le Victorieux 1422

1431 Guillaume IV, Farréchal.
1442 Philippe II, de Gamaches.

Louis XI. 1461

1464 Jean II, Geoffroy, évêque d'Arras, cardinal du titre de Saint-Sylvestre et de Saint-Martin-des-Monts, constructeur du palais d'Alby, dans l'enceinte de l'abbaye.
1474 Jean III, de Villiers, dit *de la Groslaye* ou *de la Graulas*, évêque de Lombez, cardinal du titre de sainte Sabine sur l'Aventin.

Charles VIII 1483

Abbés nommés par élection.	Rois contemporains. Rameau d'Orléans.
	Louis XII 1498
1499 Antoine de la Haye, fait construire la chapelle de Saint-Louis.	
1505 Pierre II, de Gouffier.	
	Rameau d'Orléans-Angoulême.
	François 1er. 1515
1517 Eymard de Gouffier établit, ramifie et fait encaisser les cours d'eau.	

Abbés commendataires (2e période).

1529 Louis II, cardinal de Bourbon, construit le palais de Bourbon dans l'enceinte de l'abbaye.	
1557 Charles II, cardinal de Lorraine, usurpe l'infirmerie et construit le palais et la chapelle de Lorraine dans l'abbaye.	Henri II 1547
	François II 1559
	Charles IX 1560
1567 (Dévastation par les huguenots).	
1574 Louis III, de Lorraine, plus tard cardinal de Guise	Henri III. 1574
	Branche des Bourbons.
1589 Charles III, cardinal de Vendôme ; depuis, de Bourbon.	Henri IV 1589
1594 Louis IV, de Lorraine, plus tard cardinal de Guise.	

Abbés commendataires (2e période).	Rois contemporains. Branche des Bourbons.
	Louis XIII 1610
1622 Henri III de Lorraine.	
1633 (Réforme par la congrégation de Saint-Maur).	
1642 Armand de Bourbon, prince de Conti.	
	Louis XIV[1] 1643
1654 Jules Mazarin, cardinal.	
1662 Jean-François-Paul de Gondy, cardinal de Retz.	
1691 Suppression de la dignité abbatiale. A partir de cette époque les supérieurs de l'abbaye prirent le titre de grands prieurs.	

Grands prieurs.

.... Dom Charles le Bouyer.
1693 Dom Julien Raguideau.
1696 Dom Pierre Arnould de Loo.
1699 Dom Pierre Arnould de Loo.
1702 Dom Mathieu Gilbert.
1705 Dom Charles Petey de l'Hostellerie.
1708 Dom Pierre Arnould de Loo.
1711 Dom Denys de Sainte Marthe.
1714 Dom Robert Marchand.

Louis XV 1715

1717 Dom Denys de Sainte-Marthe.

[1] Louis XIV dépouilla Saint-Denys de son titre abbatial pour enrichir la maison de Saint-Cyr des revenus attachés à la dignité d'abbé. Depuis Dodon 1er, abbé (627), jusqu'à Jean de Gondy, cardinal de Retz, 73 abbés ont gouverné le monastère.

Grands prieurs.	Rois contemporains. Branche des Bourbons.
	Louis XV 1715

1720 Dom François Anseaume.
1723 — Pierre Richer.
1726 — Pierre Richer.
1729 — Pierre du Biez.
1733 — Pierre du Biez.
1736 — Joseph Castel.
1739 — Joseph Castel.
1741 — Pierre du Biez (par commission).
1741 Dom Joseph Avril.
1742 — Joseph Avril.
1745 Dom Pierre du Biez.
1748 Dom Pierre Boucher.
1751 — Jacques - Nicolas Chrestien.
1754 Dom Jacques - Nicolas Chrestien.
. . . .
1760 Dom Pierre Boucher.
1763 — Jacques - Nicolas Chrestien (élection faite à Marmoutiers).
1766 Dom Joseph Delrue.
1767 — René Gillot.
1770 — Jacques - Nicolas Chrestien.
1773 Dom Pierre - François Boudier.

                                            Louis XVI 1774

1775 Dom André de Malaret.
1778 — . . . . Bourdin.
1781 — Pierre - François Boudier.
1784 Dom . . . . Bourdin.
1788 — André de Malaret.
1791 — Dom... de Verneuil.
1792 Sécularisation de la Communauté.

Grands prieurs.

1793 En octobre, profanation des tombeaux.   Convention nationale . 1793

                                          Directoire 1795
                                          Consulat. 1799
                                          Empire 1804

1809 Cession de l'abbaye à la Légion d'honneur; fondation de l'institut des filles des officiers supérieurs légionnaires.

Prieurs des maisons dépendantes de Saint-Denys.

Les archives de l'abbaye de Saint-Denys nous ont aussi conservé la nomenclature des prieurs qui ont gouverné les monastères, dépendant de celui de Saint-Denys. Nous nous contentons de mentionner les prieurs

    De Saint-Hippolyte du Val-de-Lièvre, près Schlestadt;

    De Saint-Denys de Lebraha, au diocèse de Strasbourg;

    De Saint-Alexandre, en Alsace;

    Du Mont Saint-Michel, près Verdun;

    De Saint-Dieudonné (Saint-Dié-en-Vosges);

    De Saint-Véron ou Asberting, au diocèse de Metz;

    De Saint-Vital, près Metz;

    De la Celle d'Adalonge ou Saint-Georges, au diocèse de Metz.

Nombre des religieux du chœur.

Le nombre des religieux profès était, du neuvième jusqu'au onzième siècle, de cent cinquante.

Philippe-Auguste augmenta ce nombre de trente, et afin que les revenus suffissent à leur entretien, il fit don à l'abbaye de dix mille livres, destinées à l'acquisition de biens-fonds.

Au temps de Philippe-le-Bel le nombre des profès fut de deux cents.[1] En 1411, sous Charles VI, il n'y en avait plus que cent trente-deux, dont soixante-et-dix résidant, et cinquante-deux disséminés dans divers prieurés, et dix appliqués aux études dans leur collège de Paris.

Ce chiffre était descendu, en 1428, à cent-vingt-huit, dont soixante-dix résidant, quarante-huit dans les prieurés, et dix au collège de Paris.

Sous le règne de Charles IX, en 1567, on ne trouve plus que trente-sept profès, signant les actes capitulaires.

Enfin en 1633, sous Louis XIII, où la dernière réforme de l'abbaye eut lieu, le nombre des religieux pensionnés se bornait à cinquante-deux ; le monastère en reçut trente-quatre de la réforme de Saint-Maur. La Communauté devait, après le décès des anciens, atteindre le nombre de cent religieux.[2]

---

[1] D. Félib., p. 258.

[2] Arrêt du Conseil d'État, concernant la réforme de l'abbaye par les religieux réformés de Saint Maur. (D. Félibien, *Preuves*, 1633.)

EXPLICATION DE LA PHOTOGRAPHIE.

La photographie qui se trouve en tête de ce livre est la copie exacte d'une gravure qui rappelle un fait des plus touchants, que nous avons déjà raconté en quelques mots page 220. On connaît la fin désastreuse de la dernière croisade de saint Louis. Philippe-le-Hardy, son fils, a eu la douleur de perdre dans l'espace de six mois son père, sa femme, un frère et un beau-frère, victimes de l'épidémie. Dans une lettre adressée aux Religieux de Saint-Denys,[1] il leur fait part de l'im-

---

[1] Cette lettre exprime des sentiments si nobles et si chrétiens que nous croyons devoir en rapporter les principaux passages. Nous en trouvons le texte dans FÉLIBIEN, *Pièces justificatives*, n° 181.

„Philippus, Dei gratia Francorum Rex, dilectis suis in Christo Abbati et Conventui monasterii sancti Dionysii in Francia salutem et dilectionem.

„Inter graves et miserabiles hujus vitæ et humanæ conditionis pressuras, afflictiones et tribulationes amaras, in alto positi, imo consternati animo et vehementis amaritudinis et doloris gladio nostram pertranseunte animam graviter vulnerati, singultus nos fletus, profundos gemitus, et anxios prodere cogimur ululatus. Attendite siquidem, o dilecti, quæsumus, et videte si est dolor similis sicut dolor noster. Nam, cum nuper felicis memoriæ præclarissimus Dominus et genitor noster Ludovicus Francorum Rex, alumnus pauperum, nutritor Religiosorum, oppressorum solatium, refugium miserorum, patronus Ecclesiæ, præcipuus amator justitiæ, ac defensor inclytus fidei christianæ; nec non dilectissimus frater noster Joannes Comes Nivernensis quem non solum carnalis affectio et naturæ vinculum, sed et bonæ indolis primordia, vitæ innocentia, et in ætate tam tenera, magnæ discretionis industria, plurimum reddiderunt carum nobis; ac insuper Princeps egregius carissimus noster sororius et amicus Theobaldus, rex Navarræ;

mense douleur que cette perte lui cause et leur demande des prières pour ses chers défunts. Il rappelle le désir souvent exprimé par le roi, son père, d'être enterré dans la basilique de Saint-Denys, et veut que les dispositions soient prises dans ce but. Les ossements de saint Louis arrivèrent à Paris, le 21 mai 1271, et furent solennellement reçus à l'église de Notre Dame. Le lendemain, de grand matin, le cortège funèbre s'organisa pour Saint-Denys. Il se composait du jeune roi, des seigneurs de la cour, de l'archevêque de Sens, de l'évêque de Paris, d'un nombreux clergé et d'une multitude extraordinaire de fidèles. Le roi, par un sentiment de respect et d'amour filial, voulut faire tout le trajet à pied et porter lui-

---

illustris Princeps tam prudens, tam commendabilis, tam potens : postquam ipsi vivificæ crucis signaculo insigniti se tota virtute sua ad dilatationem et exaltationem fidei accinxerant et ad partes accesserant Africanas, ad errores infidelium Saracenorum ibidem radicitus extirpandos, Nobis subtracti fuerint ex hoc mundo, sicut Domino placuit qui prout vult ad se vocat subjectas suæ potentiæ creaturas, nondum tamen his minime contentus mundanæ hujus plagii pestilentiæ nos reliquit. Nam carissima nostra uxor Isabella, Regina Franciæ, cujus Deo et mundo amabilis vita erat quadam corporis infirmitate gravata, postulatis attente primitus ab eodem et cum omni devotione susceptis ecclesiasticis sacramentis, demum die Mercurii ante Purificationem Beatæ Mariæ Virginis vitam præsentem finivit. Unde nostris prioribus doloribus dolores alii continui et amaritudines inculcantur, suspiria geminantur suspiriis, gemitus gemitibus cumulantur..... Verum cum expediat et deceat in adversis hujusmodi fortitudinis spiritum nos habere, nostramque voluntatem divinis beneplacitis conformare, ac congruum in Domino consolationis remedium recipere, in conspectu cujus preciosa speratur et creditur mors illorum même les précieuses reliques de son saint père. Les religieux de l'abbaye, vêtus de chapes, étaient venus à une distance d'une demi-lieue au-devant du cortège. Dieu daigna glorifier son serviteur par plusieurs miracles, entre autres la guérison d'un paralytique qui recouvra l'usage de ses membres.

Pour donner une idée de l'importance de l'abbaye de Saint-Denys, telle qu'elle était à l'époque de sa gloire, nous reproduisons encore la copie d'une ancienne gravure qui représente la basilique, l'abbaye et ses dépendances, avec une légende explicative des divers bâtiments, cours et jardins. Ce dessin est en tout conforme à la description que les historiens ont faite de l'illustre abbaye.

esse qui ejus in fide ac dilectione sequentes ejusdem vestigia, suas animas reddiderunt. Attendentes autem esse sanctum et salubre pro defunctis orare..... affectuose rogamus quatenus animas eorundem, et specialiter animam prædictæ Reginæ, piis missarum et devotarum orationum suffragiis divinæ misericordiæ commendetis.... Nos autem dilectum nobis capellanum nostrum Vivianum de Bosco, exhibitorem præsentium ad vestram ob hoc præsentiam duximus super his vobis ore tenus intimanda rogantes vos, quatenus quæ ex parte nostra vobis super hoc dixerit, fidem ei habere velitis.

Actum Valleri post Octavam dicti festi anno Domini MCCLXX.

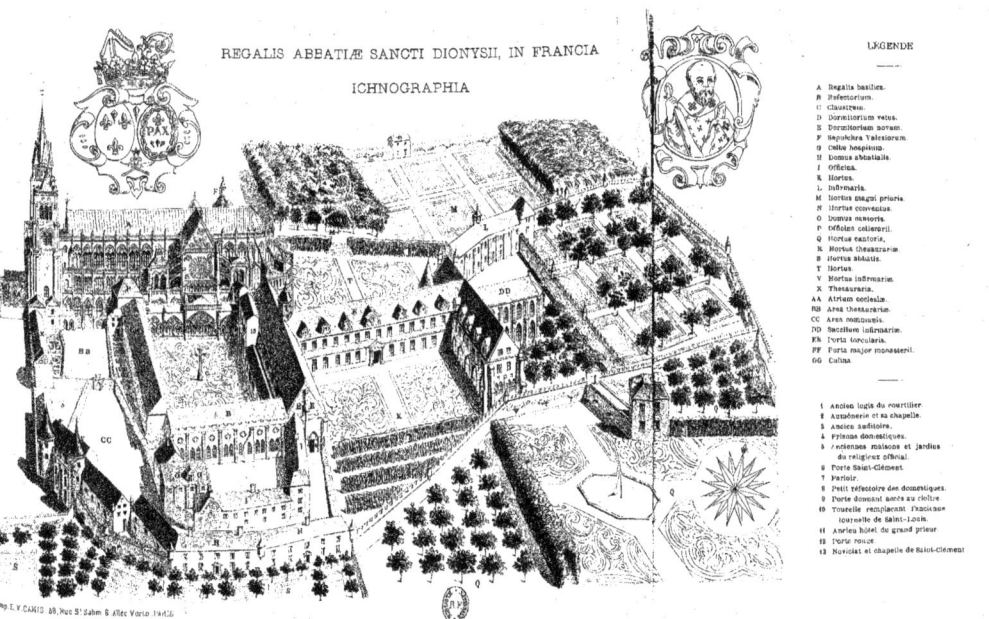

ERRATA.

Page 4, ligne 20.
Au lieu de *René, 28*ᵉ, lisez : *Remy*, 25ᵉ (Schœpflin-Ravenez, III, 618).

Page 14, ligne 17.
Au lieu de *la*, lisez : *le*.

Page 19, ligne 17.
Au lieu de *Pape*, lisez : *Roi*.

Page 206.
Au lieu de *74*, lisez : *64*.

TABLE DES MATIÈRES.

Pages.

Introduction . . . . V-XIV
Chapitre Ier. — Saint Fulrade, sa noble origine. — Grand mouvement religieux au VIIIe siècle dans les rangs de la haute société. 1
Chapitre II. — Les Bénédictins grands bienfaiteurs de l'humanité. — Saint Fulrade bénédictin ; Abbé de Saint-Denys. 10
Chapitre III. — Origine de l'abbaye de Saint-Denys. — Son fondateur Dagobert Ier . . . 14
Chapitre IV. — Dom Fulrade doit-il être classé au nombre des saints ? 20
Chapitre V. — Mission politique de l'abbé Fulrade auprès du Pape Zacharie. — Réponse du Pape. 27
Chapitre VI. — Le Pape Etienne III vient en France implorer la protection de Pépin-le-Bref contre les Lombards. — Fulrade va au-devant du Pape, et le reçoit à l'abbaye de Saint-Denys. 32
Chapitre VII. — Maladie du Pape. — Sa guérison miraculeuse. — Il donne l'onction royale à Pépin. — Pépin marche contre les Lombards. — Le Pape retourne à Rome, accompagné de Fulrade 36

TABLE DES MATIÈRES

Pages.

Chapitre VIII. — Nouvelle expédition de Pépin en Italie. — Fulrade est chargé de négocier la donation faite à saint Pierre par Pépin. . 40

Chapitre IX. — Nouveaux troubles en Italie. — Saint Fulrade est envoyé en qualité de légat auprès de Didier. — Le Pape loue sa prudence et lui accorde de grands privilèges . . 43

Chapitre X. — Fulrade fonde deux prieurés en Alsace : l'un à Lièpvre, l'autre à Saint-Hippolyte. 48

Chapitre XI. — Les Prieurés de Lièpvre et de Saint-Hippolyte ruinés par leurs avoués, les ducs de Lorraine. — L'Avouerie : ce que c'était. 53

Chapitre XII. — Saint Fulrade accompagne Pépin à l'assemblée d'Attigny-sur-Aisne, présidée par saint Chrodegang. — Mort chrétienne de ce roi. — Ses grandes qualités 58

Chapitre XIII. — Charles seul roi. — Assemblée des seigneurs à Corbeni. — Fulrade y assiste. — Intrigues de Didier. — Charles se rend en Italie, soumet les Lombards, et étend les donations de son père. 62

Chapitre XIV. — Les domaines qui constituent le Patrimoine de saint Pierre ont-ils été acquis légitimement ? — Les protestations des Pontifes romains contre l'usurpation sont-elles fondées ? 67

Chapitre XV. — Saint Fulrade architecte. — Premier essai du style ogival à la basilique de Saint-Denys. 74

Chapitre XVI. — Miracles au tombeau de saint Denys sous l'administration de saint Fulrade. 78

Chapitre XVII. — Mort de saint Fulrade. — Ses éminentes qualités. — Son testament 80

258   TABLE DES MATIÈRES

Pages.

Chapitre XVIII. — Charlemagne. — Sa politique basée sur la religion. — Son zèle pour la défense des droits du Saint-Siège   85
Chapitre XIX. — Charles à Rome. — Son couronnement comme empereur. — Ses Capitulaires. — Son abdication. — Sa mort. . . .   88
Chapitre XX. — Dévouement filial de Charlemagne envers le vicaire de Jésus-Christ. . .   91
Chapitre XXI. — Épitaphe de Fulrade par Alcuin.   94

Épilogue. — Action civilisatrice de la Papauté.   99
Cartulaire de Saint-Denys.   117

Appendices. I. — Dévotion des Rois de France pour saint Denys.   133
II. L'Abbé Hilduin et l'Aréopagitisme   147
III. L'Abbé Suger   171
IV. Autres Abbés de Saint-Denys les plus célèbres : Eudes de Clément, Mathieu de Vendôme, Gilles de Pontoise, Guy II de Monceaux.   213
Les Abbés Commendataires   232
V. Série des Abbés (626-1691)   241
Et des grands prieurs (1691-1792).   248
Quelques prieurs des maisons relevant de Saint-Denys.   250
Nombre des religieux du chœur   251
Errata   255

TYPOGRAPHIE DE F. BAUER, STRASBOURG.

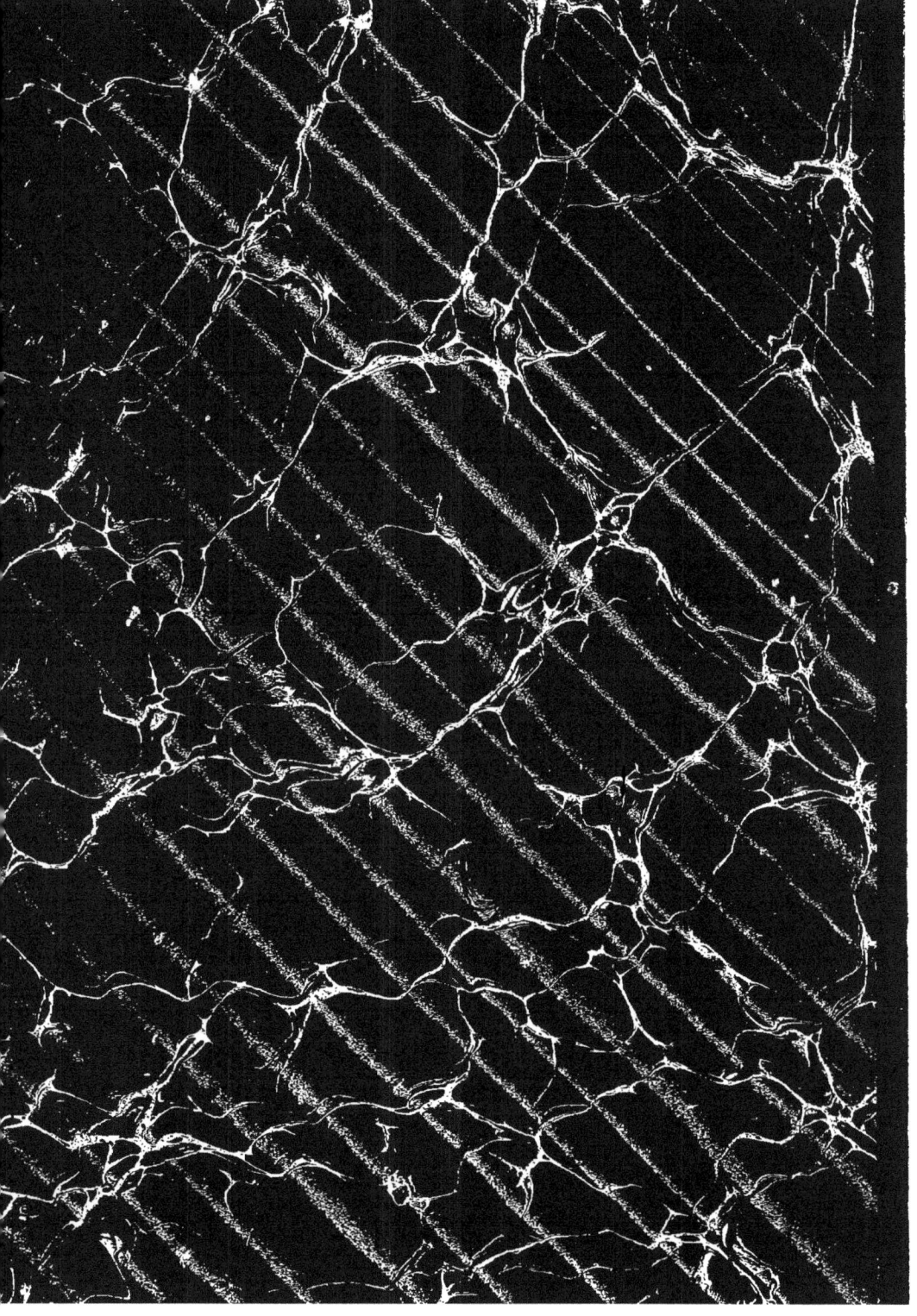

www.ingramcontent.com/pod-product-compliance
Lightning Source LLC
Chambersburg PA
CBHW070752170426
43200CB00007B/754